如何解读希腊陶瓶

后浪出版公司　［美］琼·R.默滕斯 著　汪瑞 译

HOW TO READ GREEK VASES

如何解读希腊陶瓶

湖南美术出版社
全国百佳图书出版单位

图书在版编目（CIP）数据

如何解读希腊陶瓶 /（美）琼·R. 默滕斯 (Joan R.
Mertens) 著；汪瑞译 . — 长沙：湖南美术出版
社，2019.6
ISBN 978-7-5356-8481-3

Ⅰ . ①如… Ⅱ . ①琼… ②汪… Ⅲ . ①陶器（考古）– 希
腊 – 图集 Ⅳ . ① K885.456.32

中国版本图书馆 CIP 数据核字 (2018) 第 250654 号

如何解读希腊陶瓶
RUHE JIEDU XILA TAOPING

出 版 人：黄　啸
著　　者：［美］琼·R. 默滕斯 (Joan R. Mertens)
译　　者：汪　瑞
选题策划：后浪出版公司
出版统筹：吴兴元
编辑统筹：蒋天飞
责任编辑：贺澧沙
特约编辑：喻盼瀛
营销推广：ONEBOOK
装帧制造：墨白空间·肖雅
出版发行：湖南美术出版社　后浪出版公司
　　　　　（长沙市东二环一段 622 号）
印　　刷：北京盛通印刷股份有限公司
　　　　　（亦庄经济技术开发区科创五街经海三路 18 号）
开　　本：889×1194　1/16
字　　数：100 千字
印　　张：11
版　　次：2019 年 6 月第 1 版
印　　次：2019 年 6 月第 1 次印刷
书　　号：ISBN 978-7-5356-8481-3
定　　价：99.80 元

读者服务：reader@hinabook.com 188-1142-1266
投稿服务：onebook@hinabook.com 133-6631-2326
直销服务：buy@hinabook.com 133-6657-3072
网上订购：www.hinabook.com（后浪官网）

目录

第19件局部

馆长前言

　　《如何解读希腊陶瓶》是一套插图丰富的丛书中的第二本，旨在向广大观众介绍来自大都会博物馆与艺术相关的一些藏品。题目中"解读"（read）一词的选择不仅是为全神贯注地观看提供一个隐喻，同时它也强调了许多艺术作品中文本的重要作用。

　　这一系列开始于《如何读中国绘画》（*How to Read Chinese Paintings*，2008 年），由亚洲艺术部道格拉斯·狄龙策展人（Douglas Dillon Curator）何慕文（Maxwell K. Hearn）撰写。令人高兴的是，现在又增添了一册书，突出大都会博物馆闻名世界的另一部分收藏。琼·R. 默滕斯是希腊和罗马艺术部策展人，她选择了 35 件作品——其中有些是杰出名作，有些籍籍无名，但所有作品最初都有实用功能——在古代日常生活中，人们都使用过这些器皿。

　　这里所讨论的精选品都是古希腊瓶画中具有代表性的作品，不过尤为重要的是，它们提供了进入一个世界的方式，这个世界一方面看似年代久远遥不可及，但另一方面，它们仍在我们周围生生不息：在建筑中，在诸如超级英雄的观念中，以及在日常生活各种各样的琐事中，甚至小到带有回纹图案（meander pattern）的外卖咖啡杯。这些东西都是有说服力的中间媒介。同时古希腊陶瓶上的图像都特别容易理解，因为它们的关注点都围绕着人类——他们的神灵，他们的神话，他们的日常生活——并且瓶上的图像与基本的器形之间的联系动态而紧密。希腊瓶画是一门制作严谨且风格多样的艺术。我们一旦进入其世界，就会更加熟悉自己。

　　我们要感谢宾慈善基金会股份有限公司（BIN Charitable Foundation，Inc.），在其资助下才能出版此书。

托马斯·P. 坎贝尔
大都会艺术博物馆馆长

图 13 局部

致谢

我首先要感谢馆长托马斯·P.坎贝尔（Thomas P. Campbell），名誉馆长菲利普·德·蒙泰贝洛（Philippe de Montebello），以及负责希腊罗马部门的策展人卡洛斯·A.皮肯（Carlos A. Picón），所有大都会艺术博物馆同仁，允许我将希腊陶瓶纳入博物馆的《如何解读》系列丛书当中。我亦感激宾慈善基金会股份有限公司及负责人，还有桑德拉·布吕的慷慨支持。

获取照片得到的帮助方面，我要感谢丹尼尔·伯杰、丽塔·科森蒂诺、阿莉恰·埃格伯特、卡塔琳娜·霍斯特－梅尔霍恩、尼古劳斯·卡尔萨斯、琼·努森、马丁·麦士伯格、海伦·莫拉蒂、凯特琳娜·罗米奥布鲁、阿莱塔·塞费特、克里斯蒂娜·弗拉索布鲁，以及安格利奇·沃斯卡奇。我要感谢格奥尔格·尼古劳斯·克瑙尔在语言学方面的帮助，玛丽·B.摩尔一丝不苟的校对，以及玛雅·B.穆拉托夫在研究上的协助。在博物馆中，我要感谢摄影工作室，尤其是芭芭拉·布里杰斯和负责了大部分插图的摄影师保罗·拉契诺尔。在图像库方面，朱莉·泽弗特尔和尼尔·斯蒂姆勒欣然帮助我找寻了一些照片。非常感谢希腊罗马部的同仁，尤其是小约翰·F.莫拉留和詹尼弗·斯洛克姆·索皮尔斯。

我要向编辑部的同事表达诚挚的谢意，具有尽善尽美的职业精神的格温·罗津斯基和彼得·安东尼，在编辑方面给予关心的芭芭拉·卡瓦列雷，在制作上给予帮助的邦妮·莱西希，在参考书目方面提供专业意见的杰恩·库克纳，在室外摄影上进行了处理的玛丽·乔·梅斯，以及负责索引的苏珊·G.伯克。帕姆利恩·史密斯绘制了美丽的地图。米科·麦金蒂和丽塔·朱尔斯用极强的敏感与天赋对本书进行了设计，得以让三维的希腊陶瓶之魅力透过书页展示出来。

已故的博物馆出版人和总编约翰·P.奥尼尔邀请我撰写了此书。他的关心及鼓励使这个过程更有意义。埃尔弗里德（凯兹亚）·克瑙尔极强的敏锐性对改进整部手稿起到了至关重要的作用。

希腊罗马艺术部策展人
琼·R.默滕斯
大都会艺术博物馆

9

引言

观赏希腊陶瓶是一项适合沉思的爱好（图1），堪与钓鱼或者是园艺相提并论。它会慷慨地回馈敏锐观察细节的观者，他们乐于仔细欣赏勾勒棕榈叶装饰或起褶的布料的细长线条，或者考虑手柄安放的效果。并不是说对陶瓶的精读就是关乎细枝末节，低调神秘而且深奥难懂。在有限的器形中，希腊陶瓶基本上是用橙色和黑色进行组合，并且完全是用非写实的表现方式，描绘出了人类的全部经历和情感，其中不乏戏剧效果、惊奇、哀婉或嬉戏。

本书的意旨是向观众介绍如何去看希腊陶瓶，引用的是大都会艺术博物馆的顶级收藏。这既不是一部希腊瓶画的历史，也不是一部杰作的汇编。诸如器形、技巧、装饰以及主题等本质特征肯定会涉及，但我更愿意把书中的内容比作在美术馆聊天的延伸。艺术品的选择是相当私人的。我希望能提供读者想要知道的信息。同时，我希望通过讨论能够传达出艺术品的复杂性，还有近距离观察它们时流露的兴奋之情。

"希腊陶瓶"这个术语，通常指在大约公元前900年至前300年之间古希腊制造的陶器。因为这里有丰富的优质陶土，掌握着塑形和烧制器皿技艺的工匠遍及各地，所以陶器产量众多，并服务于日常生活的所有基本需求。陶瓶是为了从汲水到盥洗等特定功能而设计的，大部分实用的家居陶瓶都十分朴素且未加装饰。同时古人也生产带有绘画的更为精美的陶瓶——这些正是我们要关注的部分。我们将会以雅典的陶瓶作为重点，它们最早出现于公元前10世纪晚期，在公元前6世纪至前4世纪达到盛期。不过，雅典并不代表整个故事（见图2、4、5）。在本书的陶器之旅中，很小一部分作品将会用来说明史前陶工和画师的技艺（第1—3件）。另一些陶瓶代表了非阿提卡（non-Attic）中心的风格，尤其是优卑亚岛（Euboea）（第4件）、科林斯（Corinth）（第8件）、希腊东部（第

对面：图1 绘有宴饮者和一个正在绑头发的女吹笛者的基里克斯杯（酒杯）。希腊，阿提卡，红绘，约公元前500年。传为阿什比画师所绘。赤陶，直径32.7厘米。购买，阿马利亚·拉克鲁兹·德·福尔塔巴赠礼及博特默购买基金，1993年（1993.11.5）

图2 古典世界

15 件），以及意大利南部的早期工坊（第 17 件）。我们的探索将会在意大利南部的晚期作品中结束，希腊本土艺术家于公元前 5 世纪后半期移民至那里，建立起繁荣了一个多世纪的地域传统（第 32—35 件）。

尽管陶瓶在古代无处不在，但即使是最精美的陶土瓶也没有得到充分重视，得以扬名，它们甚至都未曾记录到当时的文献中。没有现存的文本能让我们像对建筑、雕塑、壁画或者是小型珍贵文物那样，可以鉴定出是某位具体的艺术家，是某些宗教圣殿里令人印象深刻的供奉物还是其他杰出作品。另一方面，相当一部分同时代的证据都来自艺术作品。一位功成名就的陶工所得到的地位和财富被记录在公元前 510 年左右敬献于雅典卫城的一座大理石浮雕上（图 3）。这位坐着的手工艺人手拿两个基里克斯杯（kylix，酒杯）。残缺的献辞只保存了敬奉者和雕刻者名字的一部分，两人的身份都无法确认。雅典娜女神作为敬奉的接受者而被记录下来。

个别陶工和画师偶尔会在他们的器皿上签名，标示出制作者（是谁做的，epoiesen）或者绘图者（是谁画的，egraphsen）（第 10、20、23 件）。极少数情况下，艺术家还写进了其父之名，以揭示出艺术传承。例如，博物馆的收藏中有一件公元前 5 世纪中叶的精美基里克斯陶杯，题写有 "Tleson tou Nearchou" 字样，意思是尼尔乔斯（Nearchos）的儿子特雷森（Tleson）（第 13件）。此外，我们还有另两件写着父亲尼尔乔斯之名的作品，一件是相同形状的酒杯，还有一件非常小的阿里巴罗斯瓶（aryballos，油瓶）（第 9 件）。要找出类似这种联系是很困难的，但它们有利于获取相关信息。鉴于

图 3　敬献给雅典娜的浮雕，上面表现了一位坐着的陶工。希腊，约公元前 510 年。大理石，高 121.9 厘米。雅典，卫城博物馆编号 1332。图片由史前和古典文物部第 1 服务队提供；版权归于希腊文化和旅游部——考古收入基金

色雷斯

萨索斯岛

马其顿

哈尔基季基

奥林波斯山 ▲

特洛伊

小亚细亚

萨塞利

爱琴海

吕底亚

俄塔山 ▲

萨迪斯

希腊

优卑亚岛

哈尔基斯 勒夫坎第

爱奥尼亚

德尔斐

埃雷特里亚

伊萨卡岛

底比斯

卡里亚

依洛西斯 阿提卡

米利都

科林斯

雅典

基亚岛

奥林匹亚

阿尔戈斯

迈锡尼

埃伊纳岛

梯林斯

锡罗斯岛

利西亚

阿尔戈利斯

基克拉迪群岛

纳克索斯岛

伯罗奔尼撒半岛

帕罗斯岛

锡弗诺斯岛

斯巴达

米洛岛

费拉科庇

拉科尼亚

锡拉岛

罗得岛

地 中 海

克诺索斯

克里特岛

图4 希腊

图5 意大利

图6 绘有骑马者的安法拉瓶(罐)。希腊,阿提卡,黑绘,约公元前540年。归属于利多斯样式。赤陶,高55.7厘米。罗杰斯基金,1951年(51.11.3)

绝大多数瓶画家都是匿名作画,如果出自一人之手的某一组作品能够被鉴别出来,人们会基于某种艺术特征、一件重要作品的现藏地,或者是其他一些特征而给予艺术家一个约定俗成的名字。比如说,本书就包含了一些归属于阿马西斯画师(Amasis Painter)的作品,与他一起工作的陶工把他的名字"阿马西斯"签在了瓶子上;再比如萨福画师(Sappho Painter),他的名字取自一个画有女诗人萨福的陶瓶,我们是根据铭文鉴定画中人为萨福的;还有卡波迪蒙特画师(Capodimonte Painter),

该画师的名字来源于一个曾在卡波迪蒙特博物馆(曾是那不勒斯国王的王宫所在地)收藏过一段时间的陶瓶(第14、19、32件)。

希腊陶瓶没有那么多用于书写的宽阔表面,所以大部分类型的铭文都言简意赅。例如,它们可能会记录下对某个神的敬奉。一件安法拉瓶(amphora,双耳细颈瓶)的瓶口上写有四个字母,两个"HI",看起来像是一个友好的问候,但实际上可能是短语"敬献给"(sacred to)的首字母(图6)。甚至更简洁的是一个单

图 7 绘有赫拉克勒斯制服克里特公牛的颈柄安法拉瓶（罐）。希腊，阿提卡，黑绘，约公元前 520—前 510 年。赤陶，高 39.8 厘米。罗杰斯基金，1941 年（41.162.193）。

带有标记的器足背面局部

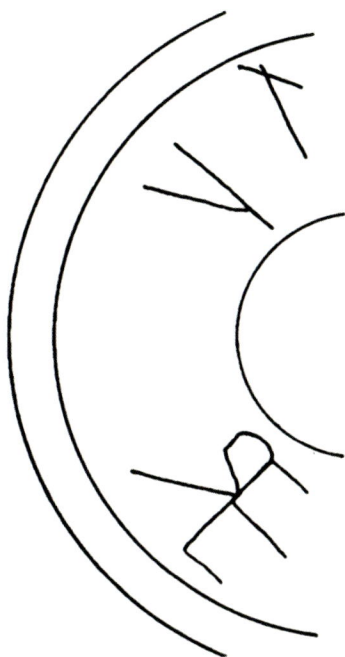

独的符号或者是一小组符号，它们通常都画在或者是刻在器足的底面。一些可能由字母组成的商业铭文或商标，它们似乎是用来标记出外销陶器的（图 7），尤其频繁地出现在出口到意大利的陶器。这些标记的确切含义尚不明确，无法确定它们指代的是一位商人、一个目的地还是有其他意思。然而，同样的标记也可能出现在同一艺术家手下和／或是在同一地点发现的陶瓶上。那些商标在陶器生产和分销的某些方面留下了耐人寻味的线索，但事实上关于陶器的生产和分销并没有留存确切的证据。当出口产品到达目的地，它们有可能会加上另一段铭文——被再一次刮刻在表面上——以确认拥有者或者是一次敬献。如果陶瓶是被运往伊特鲁里亚（Etruria），这样的铭文会用伊特鲁里亚字母进行书写（图 8）。值得注意的一点是，酒杯在闲置的时候常常会将一侧手柄悬挂起来，因此会露出杯足底部的铭文。伊特鲁里亚的心脏地带位于阿诺河与台伯河之间。在罗马人之前，伊特鲁里亚人是意大利中北部的主要居民，也是希腊陶瓶的热心客户（见图 5）。

17

图 8　绘有运动员的基里克斯杯（酒杯）。希腊，
阿提卡，红绘，约公元前 510 年。传为欧厄奎得
斯画师绘。赤陶，直径 35.4 厘米。罗杰斯基金，
1909 年（09.221.47）

伊特鲁里亚字母涂鸦的局部

此处应当进一步提及另一种铭文类型。自公元前6世纪末至前5世纪之间的雅典陶瓶上常带有赞扬青年人的健美的铭文。其引文可能只是宽泛地一提，如 "ho pais kalos"，意思是"这个男孩是美丽的"（图9）；也有可能特指某个人，如 "Leagros kalos"，意思是"里亚格罗斯是美丽的"。很明显，在一段非常短暂的时期里，雅典名门望族的年轻后裔曾深受赞美。现代学者认为这些铭文具有编年价值，因为这些赞美特定年轻人的铭文一定和他们生活的年代很近。此外，其中也有一些是历史人物。"里亚格罗斯"大量出现在公元前6世纪最后十年的陶瓶上，根据文献资料判断，他是一位显赫

图9　绘有帕里斯裁判的皮克西斯瓶（盒）。希腊，阿提卡，白底及红绘，约公元前465—前460年。传为彭忒西勒亚画师绘。赤陶，高12.1厘米。罗杰斯基金，1907年（07.286.36）

铭文局部

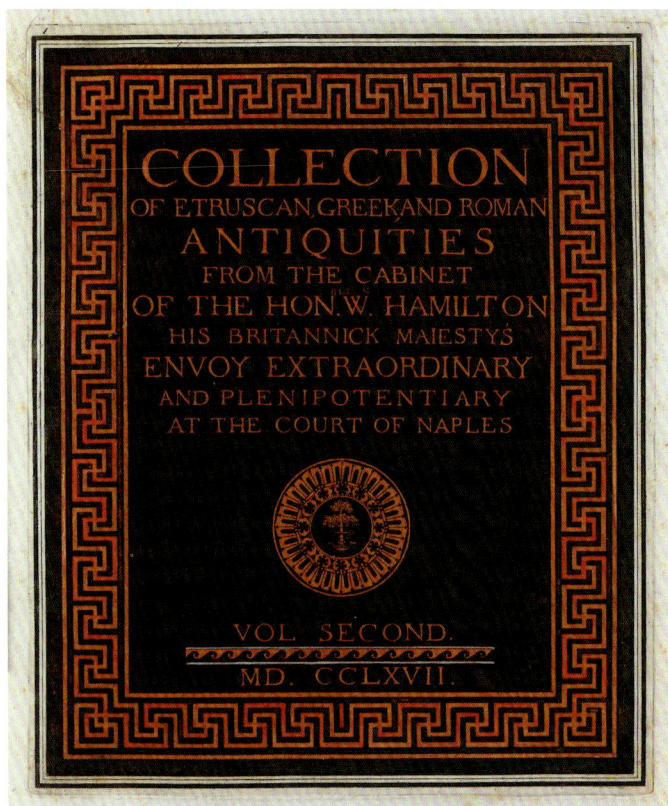

图 10 《伊特鲁里亚、希腊及罗马古董收藏，来自英国王室的霍恩·W. 汉密尔顿内阁驻那不勒斯宫廷的特命公使和全权代表》第 2 卷。威廉·汉密尔顿及皮埃尔·德汉卡维勒，出版者，那不勒斯，1767 年。手工着色蚀刻版画，每页 50 厘米 ×38 厘米。托马斯·J. 沃森图书馆，克里斯蒂安·A. 扎布里斯基赠礼，1954 年（579. H186 F）

家族的成员，同时也是起兵抗击萨索斯（Thasos）的将军。他死于公元前 464 年。

虽然在希腊陶瓶上也有其他类型的信息，但最先从这些铭文入手看起来似乎是一件很有价值的事情，因为在我们这个时代，我们认为书写文本能够告知读者想要了解的某一对象的所有事情。而陶瓶上的文字只提供了很少量的信息，在它们生成信息之前必须进行研究。陶瓶的许多其他特征会告诉我们更多信息，这也是学者们在过去三个多世纪以来一直重点关注的对象。

现代世界想要理解古代陶瓶有两个先决条件——能够认识到陶瓶是由希腊人制造的，以及能够得到研究所需的大量材料。从意大利发现的陶瓶符合这些先决条件（见图 5）。在 18 世纪，陶瓶的发现与收藏以那不勒斯附近的坎帕尼亚（Campania）为中心。知名的陶瓶爱好者威廉·汉密尔顿爵士（Sir William Hamilton），曾在 1764 年被委任为大英帝国公使派往两西西里王国（Kingdom of the Two Sicilies）。汉密尔顿组织了两次收藏，一次是在 1760 年代，另一次是在 1780 年代，他这两次都出版了精美的图书，传播广泛并且影响深远，尤其影响了当时的绘画和装饰艺术（图 10）。汉密尔顿的收藏包含阿提卡的进口作品和意大利南部的藏品。对藏品来源的主要解释是，由于陶瓶是用意大利的黏土制作的，因此被叫作"伊特鲁里亚式"。核准鉴定的关键在于将希腊铭文与产地相结合。古文物专家兼圣经学者马佐基乌斯（A.S. Mazochius）在 1754 年出版的著作中实现了这一突破，即便他的观点并没有立刻被接受，自

18 世纪以来人们对古代陶瓶的兴趣和研究持续增加，这也证实了这点。同时值得注意的是，温克尔曼（Johann Joachim Winckelmann）在十年之后出版的著作《古代艺术史》（*Geschichte der Kunst des Altertums*）当中，第一次尝试以风格为依据区分希腊和罗马雕塑。温克尔曼著作的直接和深刻影响进一步促成了对希腊艺术的定义。

推动希腊陶瓶各方面研究的关键性事件发生于 1828 年。吕西安·波拿巴（Lucien Bonaparte），卡尼诺亲王（prince de Canino），拿破仑·波拿巴的弟弟，在罗马西北部的武尔奇（Vulci）拥有相当可观的地产。他偶然发现了一些古代陶器，这促使他组织了在其领地的发掘工作，这里后来被证明是极为富有的伊特鲁里亚人的墓地。1828 年至 1829 年间的第一次发掘挖出两千多件陶瓶，大部分是阿提卡的陶瓶，其中 235 件作品刻有铭文，当中有一些是毋庸置疑的杰作，这些作品由当时希腊最伟大的陶工和画师创作完成。在当时，波拿巴针对发掘行动制定了一些规则。他把这里划分为十个区域，然后记录下出土地点和日期，尤其是有铭文的作品。除了有图案装饰的器物，还有一些黑色伊特鲁里亚材质的素陶器，叫作布克凯洛（Bucchero），同时还有一些青铜制品、圣甲虫形宝石（scarabs）和黄金饰品。这些发现极大地激发了人们的兴趣。卡尼诺亲王从 1829 年开始在罗马展览这批陶器，同年还出版了一本重要文物的选集。这批陶瓶数量可观，种类丰富，是陶瓶学术界的里程碑。爱德华·格哈德（Eduard Gerhard）于 1831 年撰写的《沃尔森特报告》（*Rapporto volcente*），218 页被收录在《考古通讯研究所年鉴》（*Annali dell'Instituto di Corrispondenza Archeologica*）中，该期刊所属机构后来成了在罗马的德国考古研究所（German Archaeological Institute）。波拿巴在继续发掘的同时，也十分迅速地出售了个人的发掘品。通过拍卖会和私人艺术商人，卡尼诺陶瓶到达了伦敦、巴黎、柏林、慕尼黑和圣彼得堡，这里只列举了欧洲主要的首都。大都会博物馆也藏有这类陶瓶。在《卡尼诺亲王吕西安·波拿巴的伊特鲁里亚博物馆，发掘于 1818 年至 1829 年的有铭文的瓶画》（维泰博，1829）目录里记载了本书图 7 中的作品出土于 1829 年 11 月，第 22 件作品于同年 4 月被发现。

格哈德的《报告》以实例证明了当时陶瓶研究的深度和广度。格哈德通过对主要课题的方法性讨论——包括风格、主题、铭文、功能、日期以及原产地——努力将所有对于陶瓶已知的来源进行汇总，并且整合了自己在武尔奇的新发现。格哈德于 1829 年 3 月和 6 月在波拿巴的挖掘现场研究了第一手材料，之后于 1830 年 5 月和 1831 年再次前往。他在报告中区分了陶瓶的各种器形，这些术语现已得到普遍认可。虽然格哈德对陶瓶的命名与我们今天的命名方式并不一样，但他已意识到地区风格之间的区别。他借助大量的铭文，详尽地论述了描绘的主题和那些将名字写在陶器上的艺术家。在评价像格哈德这样的研究成果的时候，尤其需要注意一点，那就是直到 18 世纪中期，古文物研究者都是通过古代文献而不是广泛地接触艺术品原作来深入了解希腊和罗马的。此外，希腊直到 1830 年才从奥斯曼帝国获得独立，成为一个王国。它最初是处于巴伐利亚王室的统治之下。这一政治发展迅速推动了对这个地区的考古调查，以前只有个别坚定的旅行者才会去那里寻访，这与意大利的情况非常不同。

随着 19 世纪的到来，私人藏家与主要博物馆的收藏与考古发掘紧密相关，逐渐增加的专门化研究使希腊瓶画变为以德国学者为主导的重要学科。其中最著名的是阿道夫·富特文格勒（Adolf Furtwängler，指挥家威廉·富特文格勒之父）。他于 1885 年发表的柏林陶瓶收藏图录在诸多方面都标志了一个分水岭。首先，图录中按照年代对 4221 件藏品进行编号，从史前的陶瓶到意大利南部的晚期作品。根据工艺、地区和器形进行细分，风格上相似的陶瓶按顺序排列。每一个条目都提供了尺寸、已知的发现地和对陶器的完整描述。参考书目的一个重要方面是为出版的图例提供参照的线描图。富特文格勒的图录将所有可以用语言表达出来的信息都梳理了一遍。随着学者们精炼出陶瓶越来越多的特征之间的区别，尤其是在构造和风格方面，于是就更加迫切地需要充分的视觉证据。富特文格勒于 1900 年解决了这个需求，他计划发表 120 个陶瓶，由他撰写文本。一位娴熟的绘图员卡尔·赖克霍德（Karl Reichhold）为其提供极其细致的线描图。在富特文格勒于 1907 年去世之后，《希腊瓶画》（*Griechische Vasenmalerei*）项目仍在继续。即使在今天，高品质的线描图仍使这项工作具有价值，但摄影的普及则给陶瓶研究带来了革命性的发展。

1820 年代，在武尔奇挖掘出土了几百件有艺术家签名的陶瓶，签名后面跟着动词"由谁制作"（epoiesen）或"由谁绘制"（egraphsen）。格哈德和同事们认识到那些写着"由谁绘制"的人是负责对陶瓶进行装饰的。即使到今天，"由谁制作"的含义并不完全清楚，不过用那个动词签名的艺术家很可能是陶工，也有可能是作坊主。一组陶瓶可能由特定的画师绘制而成，这样就确定出一个明确的风格特征，反过来可以为具有相同特征的匿名作品确定其创作者。虽然对个人艺术特征的鉴别之前就已开始，但直到 20 世纪初将摄影术引入陶瓶的研究和出版之后，才把创作者的归属问题带到受人关注的前沿（图 11）。值得注意的是，在这种新的复制媒介出现之前，人们从来都无法同时看到古代陶瓶的所有表面。确定归属需要将一个陶瓶和无数个陶瓶之间的细节进行仔细比较。埃德蒙·鲍狄埃（Edmond Pottier）于 1897 年出版了卢浮宫的陶器，标志着第一次在重要收藏图录里使用了摄影技术。这种以视觉手段补充物品的文字信息的方式很快得到公认。

摄影术和风格分析的应用引入了另一个原则，即陶瓶可以按照艺术家进行分门别类。这一依据的发展主要归功于英国人约翰·比兹利爵士（Sir John Beazley）。比兹利的卓越成就是他根据数以百计的画师以及众多陶工的个人风格确定作品归属，比如创作者之间的艺术联系，他们在器形和主题方面的偏好，通常也有他们职业生涯的演变。比兹利工作的亮点在于他汇总了一系列艺术家的名单，大致按照年代进行排列，然后确定陶瓶的创作者。这些书由于其简洁性常被比作一部电话号码簿。事实上，比兹利的语言精炼且叙述准确，再加上个人语言优美，使这些书更显优异。他的许多文章详述了他的观察。

图11　大都会艺术博物馆艺术摄影工作室，1924年

比兹利的学术成果迅速引起关注，而且影响深远。从一定程度上说，他的方法接近我们所认为的"科学性"，这是之前从未达到的成就。此外，这种方法还可以重复使用。他的原理是主要按照艺术家对陶瓶进行分类，再通过陶瓶器形或装饰主题这样的变量构建框架。对此感兴趣的非专业人士可以像他们谈论拉斐尔或者安格尔那样聊聊阿马西斯画师（第14件）或者阿喀琉斯画师（Achilles Painter）（第28件）。一个名字可以定义

一种艺术风格。这一进展也改变了收藏习惯。在18世纪，人们对收购古代陶器燃起了相当大的激情。尤其是借助比兹利的工作成果，人们渐渐地像鉴赏油画或者素描——将其作为一件独立的艺术品——那样鉴赏陶瓶。虽然比兹利的关注点在艺术特征，但他超越了单纯的审美考量。他既鉴定精美的陶瓶，也鉴定平庸之作；他记录了所有已知的出土地点；他根据公开出版的文献汇编了经手的每一件陶瓶的已知历史；同时他还用渊博的学

识介绍了许多额外的考察结果。希腊陶器的学术史展现了比兹利在其他方面的知识积累。据此,我们可以这样说,通过他对单个艺术家的研究,比兹利做的最后一个主要贡献在于他的整体观——把一件古希腊陶瓶当作一件艺术品来对待。

在我们这个时代,仍有许多其他可能性值得去追索。比如说,陶器是在什么样的历史、文化、经济和社会背景之下制作、交易、使用和埋葬的。研究的另一个领域是在技术的维度上,在科学上持续的进步就是证明。陶土的准确来源在哪里?如何对颜料进行鉴定?镀金都应用在哪些地方?窑炉的构造是什么样的?问题总是无限的。我们研究的出发点在陶瓶内在的材质**里**,但关注的重心在陶瓶表面的装饰**上**。

今天,当我们观看一件古代作品时,为了能够将其正确地排列在希腊世界漫长的陶瓶生产历程中,我们会有一系列的问题(见图2、4)。首先,它属于某种史前文化吗(第1—3件)?还是说它产生于公元前第一个千年,大约在公元前900年至前300年之间?既然我们十分关注这一时期,那么把它放进一个合适的艺术史分期中是有帮助的。几何纹样时期(The Geometric Period)在大约公元前1000—前700年(第4—7件),在史前的权力中心崩塌之后,希腊建立起基本的制度,随后经历一段蛰伏和衰退。新千年是以那些在德尔斐(Delphi)和奥林匹亚(Olympia)的城邦和重要的神庙,以及诸如奥林匹亚和雅典竞技赛这样的泛希腊(pan-Hellenic)体育竞赛的出现为开端。城邦的介绍可以参阅腓尼基人的著作以及荷马的《伊利亚特》与

《奥德赛》。到公元前8世纪初叶,第一个希腊殖民地在意大利南部建立。这一时期最有创造力的陶器中心在雅典,但是重要的产区是在优卑亚岛(第4件)、基克拉泽斯群岛(Cyclades),以及伯罗奔尼撒半岛上的阿尔戈斯(Argos)。

接下来的古风时期(The Archaic Period),大约在公元前700—前480年(第8—23件),是伟大而灿烂的时代。那时各个希腊城邦之间通常来说是平等的,虽然战争频繁,神庙和体育竞赛却使各城邦团结在一起。该时期的陶器反映出各个地区之间各色各样的联系。每个地区陶瓶的构造都有所区别,但是它们无论在现实还是神话方面皆有相似的地方,都偏好采用动物图像。像斯芬克斯、塞壬(siren)、狮鹫格里芬(griffin)、半人马肯陶洛斯(centaurs)还有萨堤尔(satyr)这类生物形象主要是从近东和埃及引入的。在这一时期之初,科林斯是主要的陶器生产中心。种类繁多的科林斯陶瓶在整个地中海世界流通,很可能作为盛装酒、油和香水的容器。黑绘风格(black-figure)也是由科林斯引入,这是装饰陶瓶的两种主要技术中较早的一种(第8件)。器物上的人物形象、附属的几何图形或植物母题,都是用一种事先备好的液体状黏土(通常被称为釉)绘制的。轮廓是由划割的线条表现,同时还要涂上红色和白色的颜料,在凸面上完成这些是一个极其烦琐的过程。在三个烧制阶段的最后,涂釉的图案变成黑色,空白处或者预留的背景仍然是黏土的浅橙色。

黑绘技术于公元前600年之后很快在阿提卡的工坊中流行开来,工匠们通过熟练的技术制造出极具

美感的作品。不过，直到公元前530年左右，黑绘技术才广泛应用于整个希腊世界（第17件）。在公元前550—前526年之间，雅典有一位签名为安多基德斯（Andokides）的陶工可能引入了红绘技术（red-figure）（第20件），装饰图案保留了陶土自身的颜色，而周围的表面则是黑色的。新的工序使艺术家既可以勾画外形轮廓，又可以细致描绘内部。被稀释的釉料可以作为另一种颜色使用。在雅典以及希腊世界的其他地区，红绘风格的精美器皿迅速取代了黑绘。

在古风时期结束和古典时期（公元前480—前323年）伊始之际，这段时间常与公元前479年的希波战争相联系，在这场战争中，希腊战胜了波斯。最大的政治成果就是雅典成为有势力的希腊城邦，一直持续至公元前5世纪的最后25年。这一时期在艺术上的体现是城市建筑的重建和装饰，尤其是雅典卫城（Akropolis）。帕特农神庙（Parthenon）建于公元前447年至前432年之间，是敬献给雅典城的保护神雅典娜的。尽管红绘在瓶画中占据主导地位，不过到了世纪中叶，白底（white-ground）技术开始出现，从次要发展为重要的瓶画技法。白底陶瓶在需要装饰的部分或者全部表面上罩上一层浅色化妆土。背景的变化导致在场景中增加了更多的颜色。最初，颜料是在烧制前使用的，但人们渐渐在烧制之后再加上去，并引入了粉色、紫色、绿色、蓝色，以及其他与黑绘和红绘的特点和技术不相容的色调。白底陶瓶主要应用于莱基托斯瓶（Lekythos），这是一种为死者盛装芳油的细颈瓶（第28件）。

公元前450—前426年期间，意大利南部开始生产红绘陶瓶，尤其是梅塔蓬图姆地区（Metapontum）（见图5）。我们并不了解发展的具体情况。不过很明显的是，红绘与黑绘技术、大多数器形以及许多主题与附属装饰都是从阿提卡传到西方的。当地艺术家很快就加入了自己的理解，一开始是非常细微的，后来就变得相当明显了。他们的顾客主要是当地有钱有势的人，这些人经常出现在装饰画面里（第33件）。西方与希腊本土陶瓶的重要区别在于意大利南部的作品主要是陪葬品，这一功能改变了器形和装饰的含义。如果没有文字证据，想要正确解释这两个要素是极其困难的。在希腊本土的艺术中，神话与描绘在陶瓶上的其他主题有更直接的关系。此外，学界对此的研究也更有建树。而对意大利南部的陶器来说，其图像志如同从棱镜中折射而出，这种图像志是当地传统和信仰的结合，很难被人们完全理解。不过，希腊瓶画向西方的转移给艺术注入了新的活力，也因此带来了下一个世纪的创新生产。大约公元前300年，希腊瓶画走向衰落。

无论这些最精美的希腊陶瓶是如何制作出来的，它们都是器形、技术、附属装饰以及人物形象装饰的完美结合。观看它们的愉悦与兴奋之处，在于辨认出这些纷繁复杂的元素和浑然天成的组合。有必要注意的是，我们这里所讨论的对象都是实用陶瓶。它们现在可能展示在架子上或者是成为私人住所的装饰品，而最初它们是用来运输、倒水、饮用或者贮藏的。我们可以在某些地方找到它们原始用途的迹象，比如在双耳喷口瓶（krater）的口沿上、破损后经修复的陶器（图12）上或是在描绘了使用相关陶瓶时的画面（图13）中。器形

图 12 绘有萨堤尔正在一个斯凯佛司瓶（大饮杯）中烹调的基里克斯杯（酒杯）。希腊，阿提卡，红绘，约公元前460—前450年。传为欧埃翁画师绘。赤陶，直径17.5厘米。罗杰斯基金，1906年（06.1021.177）

的种类是有限制的，每一个器形的特征都由其功能所决定。比如哈德利亚罐（hydria），一种用来盛水的罐子，两侧配有两个方便抬起的水平手柄，在背面还有一个方便倾倒的竖直手柄（第18件）。奥伊诺丘瓶（oinochoe）是专门用来倒酒的（第8件），其壶嘴设计了多条纹路来控制液体的流动。用于储藏的陶瓶有安法拉瓶、颈柄安法拉瓶（neck-amphora）（第11件）或者斯戴姆诺斯瓶（stamnos），它们都有两个便于抬起的手柄，并且都有盖子，不过现在全都遗失了。

进一步讲，每种器形的绘画装饰都趋向遵循既定的模式。装饰（ornament）这一单词是用来形容几何纹和植物纹这类母题的，这些母题能够清晰地指明某种器形的各个部分，诸如瓶嘴、手柄区（见第8页及图14）以及瓶身与瓶脚相接处（第11件）。制作陶瓶的陶工很可能也负责瓶身的装饰工作，他会涂上诸如白色或者珊瑚红这样特殊的化妆土。黑绘陶瓶在装饰方面会比红绘陶瓶更加多样化，因为有更多浅色的"背景"可供设计和填充。例如，公元前6世纪后期的黑绘颈柄安法拉瓶展

图13 绘有为酒神节（勒纳节）准备献祭酒的女人们的斯戴姆诺斯（罐）。希腊，阿提卡，红绘，约公元前450—前440年。传为令人想起巴克利和汤姆森画师的某位艺术家所作。赤陶，高31.1厘米。罗杰斯基金，1921年（21.88.3）

图14 马斯托斯杯（乳房造型的酒杯）。希腊，阿提卡，黑绘，约公元前520年。传为普斯亚克斯所创。赤陶，高13.4厘米。购买，亚伯拉罕基金会有限公司赠礼，1975年（1975.11.6）

们聚集在一起饮酒作乐，交谈甚欢，纵情声色。在公元前6世纪晚期到公元前5世纪早期，宴饮是阿提卡陶瓶上一个受欢迎的主题，我们能够在上面看到参宴者和全部有关的物品（第23件）。酒和水是用双耳喷口瓶混合的。双耳喷口瓶可能是用安法拉瓶或者奥伊诺丘瓶倒满的。长柄勺或者酒壶用来上酒，倒到基里克斯杯里饮用，偶尔会用斯凯佛司杯（skyphos）。酒被冷藏在塞克特瓶（psykter）中，这是一种专为冷藏而设计的蘑菇形陶器，可以把它放在装满冷水或者雪的双耳喷口瓶里。宴饮中也有好玩的一面，有各种各样为娱乐参加者而设计的"小把戏陶瓶"和新奇的东西（图14、15）。各种形状的

示了一套相当标准化的装饰准则：在瓶颈上绘制棕榈 - 莲花饰带，手柄下方绘制棕榈叶纹饰，在人物装饰区域下方绘有一系列几何饰带和釉线，至于瓶身最下面则有一条绘有辐射线的饰带（第11件）。这些多样的变化可能跟艺术家个人灵感的发挥、陶瓶生产的地区以及所处的时代有关。细心留意不同种类和不同年代的陶瓶中器形和装饰之间的相互关系，这两种因素相互加强的现象已经很明显了。器形的体量将蕴含的活力传达给在其周围延伸和环绕的母题。反过来，装饰进一步强调了器形的有机结构和比例。生命力存在于希腊陶瓶上的每一个要素中。

人物装饰图案将所有元素组织到一起。这一点可以用饮酒使用的陶瓶加以清晰地解释。宴饮（symposium）是按照已经建立好的规则进行的一种阿提卡习俗。男人

图15 绘有牧牛人的牛蹄造型酒杯。希腊，阿提卡，红绘，约公元前470—前460年。传为令人想到布赖格斯画师的一位画师绘。赤陶，高10.3厘米。弗莱彻基金，1938年（38.11.2）

图16　绘有展示死者和驾车竞赛的葬礼饰板。希腊，阿提卡，黑绘，约公元前520—前510年。赤陶，高26厘米。罗杰斯基金，1954年（54.11.5）

陶瓶都有独特的装饰纹样，不过装饰主题依然与酒和饮酒行为相关，比如：酒神狄奥尼索斯（Dionysos）和他的追随者萨堤尔和迈那得斯（maenads）；宴饮的各个场景；宴饮的结束等（第16件）。雅典陶工的任务之一毫无疑问是为宴饮提供必需的器皿。

　　陶器还为其他一些仪式服务，例如葬礼和婚礼。从公元前9世纪晚期首次出现到公元前8世纪早期，希腊陶器在葬礼中扮演了重要的角色。陶器可以用作墓碑（第5、6件）、坟墓中的祭品、墓室上的饰板（图16），以及装圣水的容器。所有这些陶器都有其对应的主题，尤其是奠礼（prothesis），或者说是安放死者的仪式。到公元前476—前450年，莱基托斯瓶，这种用来盛油的长颈瓶已经变成了标准的祭品，并且开始在上面绘制各种各样的丧葬主题，从传统的奠礼和墓碑前的哀悼者到冥河渡神卡戎（Charon）的场景，渡神卡戎的的任务是帮助已经去世的男人、女人和孩童渡过冥河（Styx）到达阴间。这些主题呈现在已经备好的白色化妆土之上，上面空前丰富的颜色给人留下了特别深刻的印象（第28件）。

大约在公元前5世纪中叶，与婚礼欢庆相关的陶瓶在数量上有所增加。有一种形状特别的婚礼瓶（lebes gamikos）（图17）是新娘的沐浴器皿，常装饰着新娘收到礼物这样的场景。这一主题以及诸如由爱神厄洛斯（Eros）和随从们陪伴的新娘等相关题材也开始出在陶瓶的装饰上，例如，在斯凯佛司杯（第29件）、皮克西斯盒（pyxis，梳妆盒）和勒卡尼斯盘（lekanides，有把手和盖子的浅碗）上。

希腊陶瓶的魔力在于陶瓶的器形、人物主题，以及技术和装饰赋予作品的意义。事实上，更准确点说是诸多意义（meanings）。当我们观看下文所述的藏品时，我们可以从这些精心制作的陶瓶中发现人类的经验世界，这些陶瓶是它们的物主的日常生活中不可分割的一部分。

图17　绘有婚礼准备场景的婚礼瓶（用于婚礼的碗和托架）。希腊，阿提卡，红绘，约公元前420年。传为那不勒斯画师绘。赤陶，高43.5厘米。罗杰斯基金，1906年（06.1021.298）

I

克尔诺斯杯（供杯）

基克拉泽斯，早期基克拉泽斯文明第三阶段至中期基克拉泽斯文明第一阶段，约公元前2300—前2200年

赤陶，高34.6厘米

购藏，安那伯格基金会捐赠，2004年（2004.363.1）

从公元前 3000 年左右开始，希腊世界的一系列文化于公元前 1600 年至前 1400 年间在克里特岛的雄伟王宫和希腊本土（尤其是迈锡尼）发展到高峰。虽然到公元前 12 世纪，这些中心已经瓦解，但该地区的财富和统治者的功勋仍在荷马的《伊利亚特》和《奥德赛》以及其他希腊神话中生生不息。史前时期的艺术家和建筑师的成就是建造了大型多层宫殿和穹顶墓，从青铜器和贵金属制品的制作到图章刻制，从陶器制造到壁画绘制，他们熟练掌握各项重要的工艺技术。

为了打开我们的思路，我选择一位陶匠的手工艺杰作进行展示。克尔诺斯杯（kernos）是地中海世界中从希腊到黎凡特（Levant）都被广泛接受的器物。它用来盛装多种供品，图示陶瓶装有种子、花卉、水果和其他物品。在赤陶供杯中，各个容器之间是相互连接的。我们选的这件是一组作品中的精品，它可能产自米洛岛的菲拉科皮（Phylakopi），这里是基克拉泽斯群岛中的一座岛屿。这件克尔诺斯杯有一个圆锥形底座，底座顶端衍生出 9 个独立的"平台"，每个平台都与一个容器的底座合并。这 9 个容器形成一个内环，并为附着在中心的供碗和外环的 16 个容器提供支撑框架。具体来说，9 个容器的每一个底座都有 3 套陶土支柱：一套固定中心的供碗；第二套支柱将内环的各个容器相互连接；第三套则由双支柱组成，托住外环的 16 个容器，这些容器实际上是悬在开放空间上的。从一开始，希腊人的创造力的特点就体现在这种既简单又大胆的处理方法上。

与这件供杯大胆的结构设计相比，其装饰则很简单，但突出了结构的组成部分。中心的支撑物和容器的外部都覆盖着一层薄薄的化妆土，这是一种白色黏土泥浆。画上去的线虽然画得很粗糙，却能填补所涂区域。

克尔诺斯杯虽然样式各有不同，但其功能确保该类器皿得以经久不衰。例如，人们在塞浦路斯岛发现了一些这样的陶杯（图 18）。

图18 环形克尔诺斯瓶（供瓶）。塞浦路斯，塞浦路斯—几何第一阶段，约公元前1050—前950年。赤陶，高11.3厘米。切斯诺拉收藏，通过募捐购得，1874—1876年（74.51.659）

2

有三个直立把手的罐子

米诺斯，晚期米诺斯文明第一阶段，约公元前1600—前1450年

赤陶，高34.3厘米

罗杰斯基金，1922年（22.139.76）

在公元前2000年至前1400年间（跨越中期米诺斯文明第一阶段到晚期米诺斯文明第二阶段），克里特岛史前鼎盛时期生产的精美器皿因其复杂性而具有无尽的动人之处。这个罐子可用作储存和／或运输。肩部上的三个把手可以用来放置盖子。许多类似这样的容器可以挂在一根结实的杆子上进行搬运（见图19）。这种陶罐的大体量不仅体现在器身的巨大上围，也体现在器足和颈部之间的尺寸和颜色的关系上。尤其值得注意和强调的是，各种装饰母题并不是像公元前第一个千年时的希腊陶瓶上常见的那样，局限或排列在一块面板或器形的某一部分中。相反，这种陶罐的装饰元素安排得更加自由；在两排描绘明确的螺旋图纹之间填充着精细的图案，有可能是巨浪之中的失事船只残骸。在烧制过程出现问题而产生的红斑成为意料之外的装饰。米诺斯美学中最精美的范例出现在装饰有海洋生物或植物的陶瓶上。在公元前14世纪期间，随着希腊大陆居民来到克里特岛，在陶瓶外观上的这些图像志越发风格化和结构化。

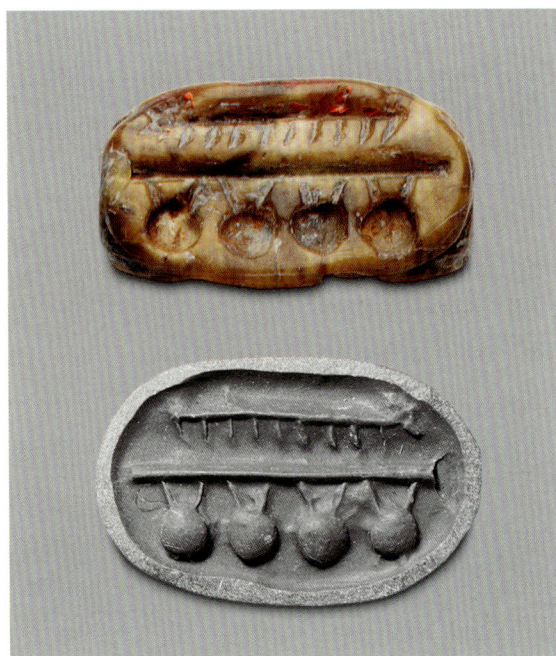

图19 三角棱，印章和印痕。米诺斯，米诺斯中期第二阶段，约公元前1900年—前1750年。皂石，长1.75厘米。理查德·B.西格遗赠，1926年（26.31.134）

图20 有柄水罐。迈锡尼，希腊青铜时代晚期第一阶段，公元前16世纪。来自迈锡尼，井墓中的银器，高34.5厘米。雅典，国家考古博物馆，编号855。版权归属于希腊文化旅游部——考古收入基金

这个罐子能够提起我们的兴趣也是因为它涉及了各时期的希腊陶瓶研究中一个不断出现的议题，即陶器和对应样式的金属制品（青铜，少数情况下银制，极特殊情况下为金制）之间的关系。黏土器皿与金属器物之间的关系是个令人头疼的问题，首先是因为黏土很普通，而且在被烧制后几乎坚不可摧，而金属器物会因为其他用途被熔掉，或者由于长时间被埋在地下而损毁。在这件罐子上，螺旋形纹饰与下部的拱形

图案相结合，这种图案组合能够在来自克里特岛的克诺索斯（Knossos）附近和希腊本土的迈锡尼的金杯、镀金的银壶以及其他一些相关材料中看到（图20）。因为考古记录非常不完整，所以无法确定金属器皿或陶瓷制品哪个更重要，即使便宜的粘土版本来自于用昂贵材料制成的奢侈品。虽然这件陶罐也是如此，但它在处理手法上丝毫不乏创造性和雅致性。

3

战车双耳喷口瓶（大双耳瓶）

迈锡尼，晚期希腊青铜时代第三阶段B，约公元前1300—前1230年

赤陶，高41.6厘米

切斯诺拉收藏，通过募捐购藏，1874—1876年（74.51.966）

值得注意的一点是，在史前时期，希腊和爱琴海诸岛生产的陶器缺乏人物主题和叙事性场景的装饰，直到迈锡尼统治时期以及在公元前 1375 年至前 1200 年盛行的所谓图像风格的出现才改变这一面貌。有一组被称为战车双耳喷口瓶的陶器，因其生产环境和图像志而值得我们关注。这件陶瓶独特的器形也在其他材质的器物中出现过，比如一件原本颇为壮观的青铜双耳喷口瓶的口沿和把手以及一个小型的石罐（图21、22）。在这些陶器上，瓶身宽大、形状规则的区域通常描绘着一辆或多辆战车，并且附有其他人物形象或填充母题。如图所示，在战车后面出现了一位胸部刻意强调的高大女性，她高举双臂，长着一张鸟型脸孔。在主画面的两端以及把手正下方都站立着一些源于埃及的程式化植物，比如棕榈和纸莎草。

战车双耳喷口瓶首先是在塞浦路斯岛为人所知，当希腊本土雄伟的皇宫中心区崩塌之后，难民们逃亡到了这里。学者们一开始认为这些陶瓶是专为这批在塞浦路斯的移民而制造的。但随后在希腊的发掘却揭示出陶瓶是在希腊伯罗奔尼撒半岛上的阿尔戈利斯（Argolid）地区制造，随后出口到塞浦路斯。也有可能只是把黏土从

图21 一个安法拉双耳喷口杯（大双耳瓶）的口沿和把手。塞浦路斯，公元前13世纪—前12世纪早期。铜金属，直径39.7厘米。切斯诺拉收藏，通过募捐购得，1874—1876年（74.51.5685）

图22 安福利斯克斯（小罐）。塞浦路斯，塞浦路斯晚期第三阶段初期，约公元前1200—前1100年。绿泥石，高6.7厘米。切斯诺拉收藏，通过募捐购得，1874—1876年（74.51.5023a）

图23 女人小雕像。迈锡尼，希腊青铜时代晚期第三阶段中期，约公元前1300—前1230年。赤陶，高5.4厘米。弗莱彻基金，1935年（35.11.19）

阿尔戈利斯运到塞浦路斯，以便能够在本岛进行制作。由于战车双耳喷口瓶主要是在坟墓中发现的，其功能和用意应当是丧葬，它们通常应用于埋葬之前的相关仪式当中。

瓶身装饰常用纯色釉块表现战车的马匹，同时用线条和点画结合的方式来表现战车与驾车人。人们想知道，不同的呈现方式是否暗示人物形象的现实性——这些马可能属于尘世，而画面当中的人物属于阴间。战车后面的高个女人同样难以解读。她的性别显然非常重要，而高举的手臂在传统意义上表示崇敬；她有可能是一位神祇或是敬神者。类似的形象也出现在同时代的陶土小雕像中（图23）。

4

有半圆环垂饰的斯凯佛司杯（大饮杯）

希腊，优卑亚，公元前8世纪前半叶

赤陶，高8.6厘米

切斯诺拉收藏，通过募捐购藏，1874—1876年（74.51.589）

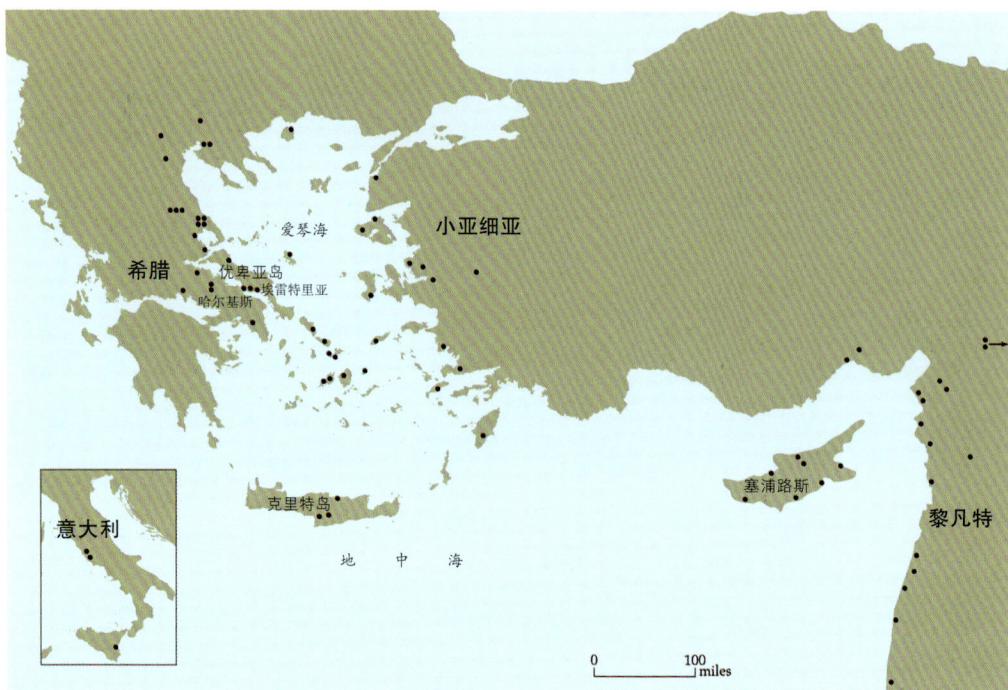

图24 绘有同心半圆的优卑亚斯凯佛司瓶发现地点

希腊陶瓶的迷人之处并不总是在于它的外观，这就是为什么我们要将图示这件作品选入本书的原因。虽然它从美学角度上看极为平凡，但却是极为重要的器物。它属于一组相似的器形，被称作"有半圆环垂饰的斯凯佛司杯"，制作于公元前9世纪至前8世纪间的优卑亚岛。斯凯佛司杯是一种杯体较深、口径较宽、带两个手柄的饮水器。随着迈锡尼王宫的坍塌以及之后的萧条时期，就像塞浦路斯一样，优卑亚随着诸如勒夫坎迪（Lefkandi）等主要中心城市以及特别活跃的贸易和殖民活动而繁荣起来。古代的大部分交易都是日用

品——酒、油、纺织品以及其他一些有机材料制成的东西，过了两千多年之后已无迹可寻。斯凯佛司杯相当坚固，其原有使用价值已经消失无几。然而，它们却是优卑亚商业活动扩张的珍贵记录者，从塞萨利（Thessaly）和马其顿，穿越爱琴海到克里特岛、基克拉泽斯群岛、塞浦路斯，最远到达近东（图24）。到目前为止，在意大利南部和西西里发现的考古证据较少。尽管如此，到公元前8世纪中期，两个优卑亚的主要城市哈尔基斯（Chalkis）和埃雷特里亚（Eretria）都建立了殖民地，例如在那不勒斯湾的伊斯基亚岛（Ischia）上的匹

德库塞（Pithekoussai），还有在希腊北部的哈尔基季基（Chalcidice）。

图示的斯凯佛司杯在类型上极为超前，它频繁出现于塞浦路斯。这件陶瓶的特点是出色的陶艺以及多头笔刷（勾勒同心半圆的工具）的熟练运用，陶瓶上的圆圈数量不是固定不变的。斯凯佛司杯制造简便且非常实用，因此在希腊陶瓶器形之中能够经久不衰。整个公元前4世纪，斯凯佛司杯在希腊一直很流行（见图29），后来在意大利南部的陶器中仍可见（见第33件）。

5

海战双耳喷口瓶（纪念碑式双耳杯）

希腊，阿提卡，公元前800—前776年

传为纽约MMA34.11.2工坊所作①

赤陶，高99.1厘米

弗莱彻基金，1934年（34.11.2）

在公元前900年至前300年之间，雅典及阿提卡的周边地区成为希腊本土彩陶生产的中心。虽然该地区出产的大部分陶瓶都没保存下来，但仍有足够的遗存表明为特定的社会或者宗教用途生产了大量陶瓶。其中最重要的很可能是随葬品。

这尊陶瓶代表了一组用作墓碑的大型范例。杯身底部的洞使祭祀用的液体流进地下。这些作品标志着西方纪念墓碑传统的开端，随后在公元前7世纪与公元前6世纪之交被石雕取代（见图26、30）。双耳喷口瓶这一器形并不是专门用于葬礼的，不过因其尺寸巨大，所以

常用于公共纪念品。它还为装饰提供了相当大的空间。很不幸的是，这件作品损毁严重，但它的遗留部分却极其重要。瓶身上部最宽处位于把手正下方，被分成水平的条带和垂直的区块，其上填满了直线和曲线，几何风格由此得名。两侧把手的中心区域原本绘有安放死者的奠礼。在随后的陶瓶（第6件）中，我们将通过更多的细节来考察这一主题。

这个双耳喷口瓶最引人关注的部分环绕在瓶身最宽处的下方。虽然两侧都遭到了损坏，但仍能从中辨认出这是两艘战舰，战舰都已经靠岸，而且被全副武装的步

---

① 按照比兹利对古希腊匿名陶工、画师和作坊的命名系统，会以某件代表作品的发掘地、现保存地、收藏者、作品风格以及瓶画装饰母题等来为他们命名。比如，此处的"纽约MMA34.11.2工坊"就是以本节将要介绍的这件作品命名的。——编者注

图25 战船模型。塞浦路斯，约公元前750—前480年。赤陶，高17.8厘米。切斯诺拉收藏，通过募捐购得，1874—1876年（74.51.1752）

兵从侧面攻击。每一艘船上都在进行着战斗。特别值得留意的是一侧保留下来的人物形象。钉状的发型可以确认是一位女性。她坐在船身中央的船帆或遮篷下方，有可能被绑了起来。有一件同时期塞浦路斯的粗制战舰模型，虽然不太具有艺术性，但与陶瓶上的船结构类似（图25）。

虽然我们还无法正确地解释这个情节，但描绘的事物本身依然令人入迷。几何风格陶瓶从只用几何图案到逐渐引入动物和人类的主题。在这件陶瓶中，虽然装

饰仍占据主导，但人物区域却展现了复杂的交锋，讲述了一个情节丰富有趣的故事。我们在这种情况下可以窥见，地中海上来往的货船或者战舰肯定装载过优卑亚斯凯佛司杯（第4件）和其他同类制品。我们也能看到与荷马叙述的事件对应的视觉画面，尤其是《奥德赛》里的。荷马史诗的编写恰好与这件陶杯的生产处于同一个世纪，或者比后者稍晚一些时间。最终，也是在这一时期，"书写"通过熟悉腓尼基字母的中间人传入了希腊。字母最终使荷马的诗歌和其他作品得以记录下来。有趣的是，在《伊利亚特》中有一处提到了"书写"。它出现在与阿尔戈斯国王普洛托斯（King Proitos of Argos）相联系的地方，他派英雄柏勒罗丰（Bellerophon）去遥远的吕西亚（Lycia），"把恶毒的书信交给他，他在折叠的蜡板上写上致命的话语……使他送命。"[①]（荷马，《伊利亚特》，第6卷，第166行，A. T. 默里英译，勒布古典丛书[剑桥，马萨诸塞州：哈佛大学出版社，1988年]）

这件双耳喷口瓶上的场景组成元素——大型帆船、船上的武士、战斗场面，还有一些可能是战利品（以战俘形式出现）——这些为我们展现了公元前8世纪的生活面貌和神话中的一面。在希腊艺术中，日常生活与神话的区别很难区分开来，因为这两大主题类型的呈现方式很相似，并且包含了许多相同的细节。

---

① 中文翻译参考《荷马史诗·伊利亚特》，罗念生，王焕生译，人民文学出版社，2003年，第137页。——译者注

6

绘有奠礼的双耳喷口瓶（纪念碑式双耳瓶）

希腊，阿提卡，约公元前750—前735年

传为赫希菲尔德工坊所作

赤陶，高108.3厘米

罗杰斯基金，1914年（14.130.14）

　　这件双耳喷口瓶在年代上比前一件（第5件）晚了半个世纪左右，显示出相对于图案纹饰，人物装饰变得日趋重要。这种装饰在布局和绘制手法上都显得更加和谐。最主要的场景是在牛头形的把手之间的奠礼，展示正在安放死者的场面。在雅典，显要人物的葬礼是需要精心安排的事件。在死后的第二天，要用裹尸布将死者包裹起来，然后放置在一张由床或者躺椅做成的灵床上。专门送葬的人士及死者的家庭成员出席。这是瓶身上层人物饰带的主题。为了表现得清楚，方格裹尸布被举了起来。家庭成员分布在灵床的周围。女人们在两旁

哀号痛哭以表达悲恸。第三天一早葬礼开始，但这种场景极少被描绘。原本只是偶然地出现在本书前一件海战双耳喷口瓶上的奠礼，现在被绘制在整个陶瓶的前部。无论此处的画面多么简略，即使是在2700多年以后，我们也能立刻明白这里发生了什么。虽然我们认为该作品表现出的体量感和空间关系并不具有自然主义特点，但将这件作品贴上"简单"或"原始"这样的标签是不对的，能够在大型的弧面上精确地表现出所有母题已经表明这是一位非常出色的艺术家。

　　较低处的装饰带表现了一个战车队列，其间点缀

着拿着剑和矛的步兵，有一些人手持沙漏形的盾牌。与奠礼场景一样，战车和／或马匹队列常常出现在丧葬陶瓶上。我们已经在之前的迈锡尼战车双耳喷口瓶（第3件）上看到过相似的场景，但那件双耳喷口瓶同这件陶器一样，意义都尚不明确。到公元前8世纪，战车已经不再在战斗中使用了。战车在荷马关于特洛伊战争的史诗——《伊利亚特》和《奥德赛》中扮演着重要角色，其年代通常可以推到公元前13世纪或者是公元前12世纪早期。在史前和有历史记载的时期，马匹和战车都象征着财富与地位，因为只有特权阶层才能负担得起这项花销。战士携带的沙漏形盾牌被一些学者解读为史前同类器物的后继品。由于尚未发现实物例子，我们无法得知它们是作为纪念品，还是新发明的，抑或是那个时代的装备。战车区域怎么看都像是把死者比喻成希腊历史中的英雄进行颂扬，或者是真实地赞美一位令人敬畏的勇士。这个队列实际上是对瓶身上方场景的重要补充，

死者在生前叱咤风云，现在却被人们哀悼，赤裸地躺在灵床上。

　　装饰的特性和布局使整个陶瓶呈现出更加匀称规整的效果。瓶口上复杂的回形纹强调的是顶部元素。接续的饰带在逐渐收窄的杯身上划定了人物区域。尽管双耳喷口瓶的尺寸巨大，但各式复杂和精细的装饰母题使瓶身表面更为别致，几乎可以说是到了奢侈的程度。这种装饰具有明显的双重功能：既确定了各个区块边界内部的图案，也是人物形象之外的空间里的主要图案。

7

石榴瓶

希腊，阿提卡，约公元前750年
赤陶，高10.2厘米
罗杰斯基金，1912年（12.229.8）

图26　一个青年和一个小女孩的坟墓石碑（stele，墓碑）。希腊，阿提卡，约公元前530年。大理石，高423.4厘米。弗雷德里克·C.休伊特基金，1911年；罗杰斯基金，1921年；以及匿名赠礼，1951年（11.185a—c,f,g）。局部

现代学术界所做的区分在古代很可能是毫无意义的。这件石榴造型的作品被看作是一个瓶子（vase）而不是一件赤陶雕塑（terracotta），因为它是在轮盘上旋转做成的，而且在石榴瓶底部有一个小洞，可以让液体或者很小的卵石流过，这时它也可以被当作一个摇响器。以人体、人体的某个部分和某种物件作为器形的陶瓶盛行于整个希腊陶器史。这些陶瓶促使我们不要把它们严格地看作容器，而是看作是参照了许多事物（尤其是自然生命）的创造物。

从陶瓶的体形和顶部的小花很容易辨认出其石榴的形状。除了顶部和底部是双线，瓶身用三线区隔开的几何图案进行装饰。这些图案的特殊含义还无法确定。例如，人们可能会问，这里出现的黑白棋盘格以及第6件

图27　基里克斯杯（酒杯）。希腊，拉科尼亚，黑绘，公元前6世纪中期。赤陶，直径18.7厘米。萨迪斯考古探险美国协会，1914年（14.30.26）

双耳喷口瓶中盖在死者身上的方格裹尸布是否都与丧葬有关。石榴作为丰产和新生的象征有着极其漫长的历史。像这件一样的土制品是被放进坟墓中用作祭品的。在希腊晚期的艺术中，尤其是雕塑，拿着这种水果的人物形象经常出现。大都会艺术博物馆古典藏品中最著名的例子出现在一座精美的阿提卡墓碑上，这个墓碑敬献给公元前530年左右一位名叫麦嘎克利斯（Megakles）的青年（图26）。

在公元前8世纪至前7世纪期间，石榴作为埃及和东方影响的一部分涌入希腊。在艺术中，这些影响最为明显地体现在新的题材上——诸如半兽人斯芬克斯、塞壬、半人马肯陶洛斯和格里芬；植物母题有莲花和棕榈；以及一些英雄杀死怪物的故事，比如珀尔修斯割下美杜莎的头。表现这些新题材的载体中有些是不易保存的材料，尤其是纺织品，已经消失得毫无踪迹。就像我们的石榴瓶所展示的，新进的水果迅速融合进各种器形之中，并且很快就与当时的图案结合用于装饰。此外，石榴主题不仅广泛应用在三维空间里，同时也当作装饰结构和平面填充图案出现。这是一件在公元前6世纪拉科尼亚（Laconia）极富特色的陶瓶（图27）。希腊陶瓶，事实上，整个希腊艺术的特点就是形式能够适应各种不同的功能。

8

绘有动物饰带的奥伊诺丘瓶（水壶）

希腊，原始科林斯风格，黑绘，约公元前625年
传为基吉工作组所作
赤陶，高26厘米
沃尔特·C.贝克尔遗赠，1971年（1972.118.138）

阿提卡几何陶瓶的所有题材是由相当有限的几个系列组成，主要有马匹、鸟类、山羊以及人物形象。公元前8世纪后期至公元前7世纪之间，从东方引进的新的动物图谱很快被希腊全境——从小亚细亚（现在的土耳其）到意大利——普遍接受。从公元前7世纪后期到公元前6世纪，动物在瓶画中往往排列成行出现，这是固定不变的特色。

在希腊本土，广泛运用这类动物风格的是科林斯地区。公元前725年左右，这里生产出了最精美的陶瓶，并且发明了黑绘技术。这个水壶代表了所有陶瓶中最为常见和实用的器形。它的惯用名奥伊诺丘——希腊语中是酒和倾倒的意思——表明了其首要功能，但作用并不局限于此。三瓣式的瓶口为人们使用提供便利。已知类似的器形也可见于青铜器（图28）和银器中。

主要的装饰围绕在瓶身最宽的部分，动物队列以两两相对的形式安排在画面中，例如把手下面的公鹿和山羊，前面有两个斯芬克斯排在一只鸟的两侧，其他动物则是背对背的。这些图案用黑釉进行润色，细节部分用阴刻的线条清晰地表现出来，并且用红色进一步区分这些动物身体的各个部分。瓶身肩顶部环绕着舌状纹饰，每个纹饰都被单独地勾画出轮廓，每三个纹饰中间交替出现一个红色纹饰。这两种颜色和刻痕相互交织，形成细致的鳞状网格。最后，以白色点状圆花装饰瓶嘴和瓶颈。

图28 奥伊诺丘瓶（壶）。希腊，公元前6世纪中期。青铜，高33.3厘米。罗杰斯基金，1945年（45.11.3）

科林斯地区大量产出陶瓶，进入到公元前6世纪，其质量日渐低劣。陶瓶出口地区广泛，由此瓶画和黑绘技术得以传播。这些在科林斯的革新在雅典地区结出了累累硕果。

9

绘有与鹤作战的矮人族的阿里巴罗斯瓶（油瓶）

希腊，阿提卡，黑绘，约公元前570年
陶工尼尔乔斯的签名；传为尼尔乔斯所画
赤陶，高7.8厘米
通过与切斯诺拉收藏交换购藏，1926年（26.49）

这个小油瓶是博物馆收藏中最精巧、最具原创性同时也最具趣味的陶瓶。这件器皿的各个部分都连接得天衣无缝。这件阿里巴罗斯瓶与尼尔乔斯其他现存的作品一起，奠定了艺术家在阿提卡早期黑绘风格的大师地位。

希腊陶瓶的尺寸总根据其功能及与人体之间的关系而定。这件阿里巴罗斯瓶就像石榴瓶一样（第7件）完美地适合手掌握持。我们观看博物馆里那件麦嘎克利斯葬礼纪念碑（约公元前530年）时（图26），可以看到有个容器还能悬挂在手腕上。已知的阿里巴罗斯瓶还以

其他材质制作，诸如青铜、银，后来还有玻璃。这种瓶是运动员的基本装备，并且在某种程度上能据此明显辨认出其持有者为有社会声望的雅典年轻人。青年人通过强身健体加上锻炼心智，成为高素质的公民和战士。

这个器形采用了科林斯早期陶瓶的风格（图29）。瓶嘴呈盘状，单边手柄较宽，这两点都为装饰提供了空间。尼尔乔斯陶瓶巧妙地结合了人物叙事主题和重复的三色新月形装饰条带。瓶画主要集中在陶瓶的口沿，表现的是矮人族（pygmy）与鹤之间的战斗。经由荷马和赫西俄德，这个广为人知的故事也出现在弗朗索瓦

图29 阿里巴罗斯瓶（油瓶）。希腊，科林斯，黑绘，约公元前620—前590年。传为纽约科尔马斯特画师所绘。赤陶，高11.1厘米。罗杰斯基金，1906年（06.1021.17）

瓶（François Vase）上，这是一个收藏在佛罗伦萨国家考古博物馆（National Archaeological Museum）的大型螺旋双耳喷口瓶，上面有概略的神话场景，与这件阿里巴罗斯瓶年代相近。这个神话传说的大意是，矮人族以农业为生，但是每年秋天，迁徙的鹤会大肆破坏他们的农田。由于这些攻击已经威胁到矮人族自身和他们的生计，他们就联合起来抗击这些候鸟。尼尔乔斯通过个人丰富的想象与精湛的技艺表现出这场怪诞的殊死搏斗。把手的主面展现了三个正在手淫的萨堤尔。半人半马的萨堤尔是酒神狄奥尼索斯的男性追随者。他们的故事从属于狄奥尼索斯神话，而在这个陶瓶上，他们作为粗

野、极具力量的异族生物加入了矮人族。矮人族和鹤周围的黑釉铭文没有明确的含义；那些围绕在萨堤尔身边的文字大概意为"手淫者""把包皮外翻""享受地让阴茎勃起"。特别值得注意的是尼尔乔斯作为陶工的签名刻在了萨堤尔下面的黑色区域里。

在把手的窄面出现了赫尔墨斯和珀尔修斯，上面镶刻着他们的名字。珀尔修斯是杀死蛇发女怪戈耳工（美杜莎）的英雄，而赫尔墨斯是众神的信使（见第27件和图55）。虽然在这里没有给赫尔墨斯画上双翼，但他们都拥有飞行的能力。瓶口外沿和把手顶部之间的拱肩上，绘有两个特里同（triton），他们是海中的居民。瓶

口顶部饰有黑红相间的舌状纹饰。阿里巴罗斯的瓶身是用三条新月形带状纹饰进行装饰的，三条纹带以相反的方向旋转，并在原底色上涂黑釉，辅之以红釉和白釉。这些颜色体现了公元前 6 世纪早期黑绘技术应用所能达到的极限。

尼尔乔斯的阿里巴罗斯瓶瓶身四周都充满动感——包括了陆地、海洋和天空的装饰母题。图像到底有多少隐含的意义，这一点很难说。既然这个器形是与运动员密不可分地联系在一起的，人们就会想知道瓶嘴和把手的装饰是否指向运动场的活动。人们还可能会问，这些主题是否与科林斯陶瓶上的常见主题相关，尤其是阿里

巴罗斯瓶，同时也描绘在其他材质的希腊工艺品中。科林斯陶瓶上欢腾的蹲伏者被认为是行走的舞者或者欢宴者。最近的学术研究已经把他们明确鉴定为仪式中的表演者，并且考虑到他们可能与萨堤尔有关。因为他们出现在狄奥尼索斯的背景中或者说是具有狄奥尼索斯的特质，而这些欢宴者会与酒神及其神话相联系。尼尔乔斯对于这件阿里巴罗斯瓶的创见很可能为科林斯的喜剧类型提供了一个有趣的参照。

IO

绘有忒修斯和米诺陶的安法拉瓶（罐）

希腊，阿提卡，黑绘，约公元前540—前530年
有陶工泰勒德斯的签名；传为泰勒德斯画师所画
赤陶，高29.5厘米
购藏，约瑟夫·普利策遗赠，1947年（47.11.5）

公元前7世纪到公元前6世纪之交，希腊艺术出现了两项革命性的创新，这两项都在雅典得到了最大程度的发展。第一个是出现了库罗斯雕像（kouros，图30）——将裸体的青年男子作为纪念立像。库罗斯建立起裸体男性形象，以此作为艺术探索的一个重点。这种艺术作品是献给圣殿的祭品，更常见的是当作墓碑。第二个创新是所有艺术载体中都出现了大量的叙事主题，其中的作品数目以瓶画为最。我认为这两大创新是互相联系的。库罗斯的出现开启了独立男像的发展，这些形象或做观看状，或做运动状，或者有时候，做沉思状。叙事的描绘展现出各式各样的场景，其中包括神话和世俗形象，神仙和凡人以人的形态，扮演着各自的角色。

到公元前6世纪中叶，雅典的瓶画在器形、装饰和主题等方面都占据了权威地位；黑绘是最主要的技术。安法拉瓶是用于贮存的基本罐型。虽然最初的盖子已经丢失了，但这件由陶工泰勒德斯（Taleides）制作的陶瓶依然是一个绝佳范例。在乌黑的表面上安排了有图像的饰板，这样顶部的棕榈-莲花彩饰刚好位于把手上部连接处的下方，而画面效果通过这类罐形膨胀的体量进一步加强。这个画面描绘了英雄忒修斯（Theseus）杀死米诺陶（Minotaur）的故事。在久远的神话历史中，雅典曾被克里特国王米诺斯（Minos）控制。他要求每年进贡七名雅典少男少女，并把他们关进自己的迷宫中。这个迷宫里还关着米诺陶——一个牛头人身的怪物，它会杀死这些雅典人，然后把他们吃掉。雅典的王位继承人忒修斯打算杀死米诺陶，释放这些很可能被害的人。他能完成这个任务得益于米诺斯的女儿阿里阿德涅（Ariadne）的帮助。女孩给了他一个线团作为提示，使他能够找到走出迷宫的路。瓶画主人公的两侧分别站着两个少年和两个少女，他们很可能就是每年用作献祭的雅典人。少女衣服上精细描绘的花纹、米诺陶的点状毛皮，以及忒修斯衣服和头发的细节，都表现出艺术家高超的雕刻技术。英雄两腿之间落在地上的东西可能是一件折叠的衣服。在人物形象上方的空白处恰好留下了陶工泰勒德斯的签名。

图30 库罗斯（青年）像。希腊，阿提卡，约公元前590—前580年。大理石，不带底座高194.6厘米。弗莱彻基金，1932年（32.11.1）

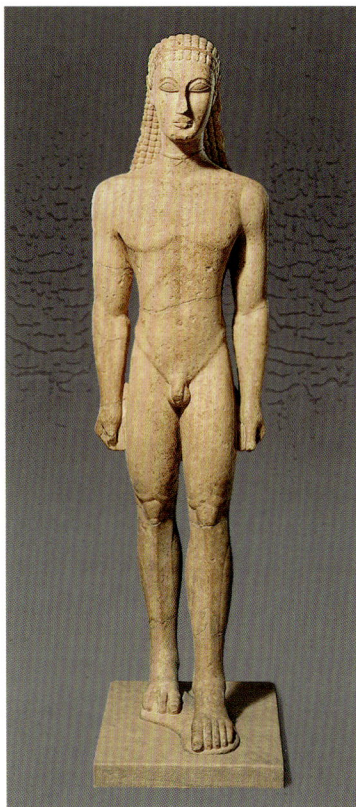

　　背面的饰板为我们展现的是日常生活场景。一个巨大的天平从棕榈 – 莲花装饰下的线条上悬挂下来。两个年轻人正在将秤盘端平，每个秤盘上都放着一个很深的圆形容器。这两个年轻人一个坐在折叠凳上，另一个坐在直板凳上。中间有一个穿着相同长袍的男子似乎正在把手上的容器里的东西倒向天平的一边；另一种可能是，我们看到的是某种大铲的顶部。不管怎样，坐着的年轻人在适当的位置稳稳地抓着吊绳。我们可以看到一个绝妙的细节是右侧那个被倒入东西的容器比另一侧的容器低一点点。农业、手工业、商业贸易等后勤生活对复杂的社会来说很重要，但描绘这些后勤生活的作品非常少见，尤其是考虑到它们在现实生活中是有多普遍的时候。我们无从得知这里称的是什么商品。让人感兴趣的是这些人的外貌，他们一头红色的短发，穿着贴身长袍。如果正面的那幅场景反映的是公元前 6 世纪雅典青年男女着衣或裸体的样子，那么背面截然不同的人物形象则可能是外国人。同样值得注意的是，很可能是由于有足够的空间，这一面出现了两行铭文。一行是赞扬了一位叫作克莱伊塔尔乔斯（Kleitarchos）的年轻人，另一行则重复了陶工泰勒德斯的签名。泰勒德斯很显然意识到这个陶瓶有两面，并且希望所有看到此瓶的人都知道这件作品出自他手。这些铭文的重要程度超越了这件文物本身。此陶瓶于 1800 年或更早以前在西西里的阿格里真托（Agrigento）发现的，首次公开发表于 1801年。这是现代已知的第一件有希腊陶工铭文的陶瓶。

　　这件安法拉瓶引发了更深的思考：在所有不止一个装饰主题组成的陶瓶中，这些主题是有联系的吗？在同一件作品上，一面描绘的是神话主题而另一面是世俗场景的情况并不罕见。但在这件陶瓶中，主题之间的联系并不明显。至多，人们可能会想，是否这个储存罐可能盛装的就是背面所描绘的商品，或者，这个陶瓶是否为雅典或者克里特的特产。

II

绘有一男一女于战车中的颈柄安法拉瓶（罐）

希腊，阿提卡，黑绘，约公元前540年
传为埃克塞基亚斯所作
赤陶，高47厘米
罗杰斯基金，1917年（17.230.14a，b）以及J.D.比兹利的赠礼，1927年（27.16）

与那件有饰板的安法拉瓶相比较（第10件），前者实际上是深色的陶瓶，而颈柄安法拉瓶则是浅色的，这是由于装饰习惯的差异。这两种器形的功能是相同的，并且在公元前6世纪下半叶大量生产。埃克塞基亚斯（Exekias）既是陶工也是画师，在整个希腊瓶画史上被列为最伟大的革新者之一，同时也是黑绘风格大师。这件颈柄安法拉瓶用实例证明了一位出色的艺术家依然可以在既有模式中有所成就。

陶瓶瓶身丰满，恰当地安排了主要画面，从而显示出器形的魅力。通过肩部最顶端的把手以及盖子的形态，这一效果大大加强。把手下部辐射开的四对螺纹将两侧中间位置的人物装饰框住。值得注意的是，为了使整个画面显得充实，在明显凸出的弧面上画一些规则螺纹确实是必要的。前后两面的场景是可以互相参照的。至臻优雅的四匹马拉着一辆战车，这辆战车由一个女子驾驭，她手拿缰绳，一旁乘车的是一位身裹斗篷的蓄须男子；两人均头戴花冠。在他们前方有一个女子和一个正在弹西萨拉（kithara，用于表演的一种里拉琴）的年轻男子，在最前面还有站着一个年轻人。背面表现了站在马后面的一个女人和一个老人，而在这个画面中男青年消失了。

在肩部的次要场景中，正面描绘的是三人一组的士兵，这些士兵正在打仗，中心组的两侧是两个骑兵；在背面，两个决斗的士兵两侧是两对穿斗篷的年轻人和一对牵马的青年，所有人都带着矛。在最远端有两个带翼的年轻人，他们一边匆匆离去一边又回头观望。

颈柄安法拉瓶的壮美和庄重令人印象深刻。线条流畅准确，显得极为特别。这些艺术特色更能引起我们的注意，因为这些场景的意义和联系已经被我们忽略遗忘了。值得注意的是在陶瓶两边都重复刻画了战车的基本特征，于是人们可能会产生疑问，在背面，年轻乐师被替换成了白发男子，战车前面去掉了那个年轻人，这些有可能是在传达一种时代的进步。战车上的这一对男女

也很令人费解。没有办法鉴别出那个女性驭者是一位女神还是某种拟人化形象。西萨拉演奏者给正面的瓶画增添了节日的气氛，同时他与阿波罗相似的长相暗示了这是一个神话场景。今天要尝试鉴别出这些图像或人物都要考虑到一点，那就是埃克塞基亚斯有能力描绘他想要表达的任何东西。他本能够轻易地提供一些标志物或铭文去实现他的意图。令人沮丧的是，我们必须考虑到那些主要人物身份不明都是有意为之的可能性。

同时代的图像志可以联想到一种假设，那就是这个主题是一个婚礼游行队伍，那一对男女是海上宁芙忒提斯（Thetis）和珀琉斯（Peleus）。忒提斯命中注定会生下一个比他的父亲更强大的儿子，于是她嫁给了珀琉斯，后者是一位凡人，其父是宙斯的儿子。他们各自的家族正好能解释豪华的战车和阿波罗的形象。他们结合以后生下了阿喀琉斯，他是特洛伊战争的希腊英雄，瓶画肩部战斗的勇士描绘的可能就是阿喀琉斯。于是我们可以推测一下，这件作品是一件结婚礼物吗？而且，就像那件丧葬用的双耳喷口瓶那样（第6件），这一图像志能否提升这位凡人受勋者的地位？

12

绘有赫拉克勒斯与革律翁的颈柄安法拉瓶（罐）

希腊，阿提卡，黑绘，约公元前540—前530年
传为普林斯顿工坊中的一位画师所绘
赤陶，高33厘米
博斯默购藏基金，2010年（2010.147）

正如我们今天所理解的，艺术个性在希腊陶瓶中并不是优先考虑的因素。器形、图像志和技巧等传统的延续性似乎是最重要的。埃克塞基亚斯在他制作的颈柄安法拉瓶（第11件）中证明了自己的能力——个人的艺术风格能够在现有的惯例中发挥出来。这个绘有赫拉克勒斯（Herakles）与革律翁（Geryon）的陶瓶是现存的一个罕见例子，它的陶工——也可能是他的赞助人——毫不拘泥于现有惯例。在这里最引人注目的是一只脚完全不见了。光滑的平面说明那一只脚从来就没有打算要画出来。原来的辐射状纹样也没有绘制上去，这进一步支持了这个可能性。很明显，这件实用的容器是用来储存东西的，但答案却出人意料。事实上，瓶底并没有制作完成。

这件绘有革律翁的颈柄安法拉瓶的瓶沿同样也很独特，在窄环上的盘状瓶沿和所有的表面上都覆盖了一层釉。在当时，就像第11件陶瓶那样，瓶沿顶部一般是留出来支撑盖子的。而这件革律翁陶瓶的奇怪之处在于，瓶沿原本应该是要被盖子覆盖掉的。还有最后一个需要

注意的细节是在陶瓶的形状上，在每个把手的底部与瓶身相接的地方有一个很小的凹槽，极有可能是手指按压留下的。

瓶身的装饰表现的是赫拉克勒斯与革律翁相逢的场面。赫拉克勒斯，这位最受欢迎的希腊英雄在此处被描绘成一位弓箭手。除了同时束在腰上和系在胸前的狮子皮，他还有一把剑鞘和一个打开的箭袋，可以看出箭的数量。赫拉克勒斯拉开弓，瞄准了站在陶瓶另一面的对手。革律翁由三具全副武装的身体组成。他居住在遥远的西方一座被大海环绕的小岛上，拥有一大群牛，这些牛由牧人欧律提翁（Eurytion）和他的犬奥特洛斯（Orthros 或 Orthos）看管。赫拉克勒斯的其中一项任务就是得到革律翁的牛。图中，他正在迈出第一步。革律翁的两个身体面对着左边，仍然呈战斗的状态。第三个身体转回身来，已经松开了盾牌的把手，手中的长矛也只是无力地握着。为了描绘出所有的人物，艺术家显然很乐于去表现诸如赫拉克勒斯的狮子皮和弓或者是革律翁的装束以及防护装备的细节。在两个对手之间，把手

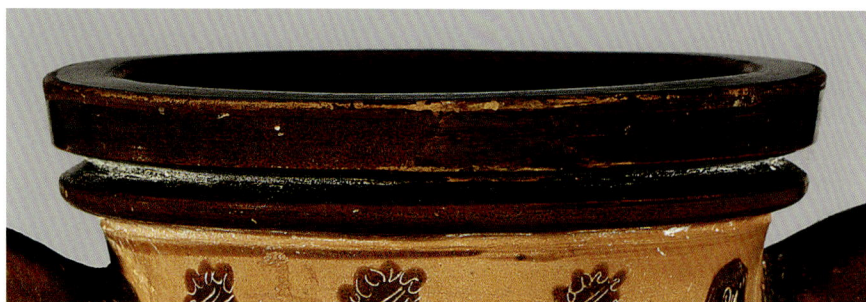

下面的区域，是正在朝着赫拉克勒斯的箭头方向飞去的塞壬。

赫拉克勒斯与革律翁的故事盛行于公元前7世纪，经由诗人赫西俄德而被人所熟知，同时也是公元前6世纪早期，斯特西科洛斯（Stesichoros）的一首诗的主题。它在黑绘瓶画中比较流行。不过，按照惯例应当在陶瓶的同一面上同时展现两个人物。除了陶瓶奇特的形状以外，将每一个主要人物各放在陶瓶的两侧的手法也极为特别。这一手法在公元前5世纪的红绘陶瓶中较为常见，但在更早的时期相当罕见。正像我们这件颈柄安法拉瓶所清楚表现的，它的效果主要是为了有力地强调陶瓶的器形和主题。

瓶颈上的装饰将我们从神话王国带入公民仪式活动当中。两边各展示了一支由长笛演奏者带领的行进队列，赫拉克勒斯上方有两个青年和一个男子，而革律翁上面是两个青年跟随着一个年龄不明的男子。这些男子都戴着花环，左手提着一种带有两个垂饰的环状物。人们猜想也许这是用于献祭的肉类，不过他们到底拿着什么到现在也无法明确辨认出来。还有一个同样重要的问题是，此处的图像是否与瓶身上的图像有直接的联系。这里具有多种可能性。考虑到革律翁生活的地区，赫拉克勒斯的这项功绩是与希腊在地中海西部的殖民地和贸易有关。瓶颈上的队列是否反映了某项探险？或者这个陶瓶也有可能与公众所传诵的关于赫拉克勒斯追击革律翁的文学作品相联系？

值得注意的是，作为革律翁神话传说和颈柄安法拉瓶的一部分，这个主题不仅在西方伊特鲁里亚艺术中十分流行，在东方的塞浦路斯也同样如此。大都会博物馆丰富的塞浦路斯雕塑收藏中至少包括四件这样的代表作，它们都是一座高尔戈伊（Golgoi）圣殿里的献祭品。有一件雕塑基座上的浮雕（图31）特别能够让人联想到这个主题。它的主要部分表现了一个仰鼻的牧人扛着一棵树站在牛群后面。在这个石板的左侧边缘处，赫拉克勒斯正在大踏步往前走，他的两腿之间拖着狮子的尾巴。他已经将箭射入了画面右上角三头犬奥特洛斯的其中一个喉咙里。

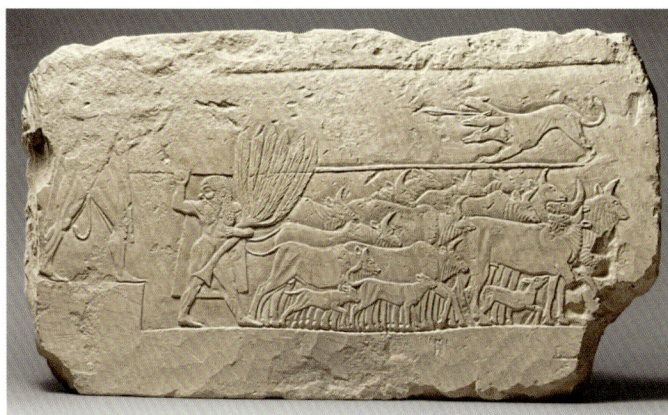

图31 绘有赫拉克勒斯带走革律翁的牛的浮雕。塞浦路斯，公元前5世纪早期。石灰石，高52.1厘米，宽87.3厘米。切斯诺拉收藏，通过募捐购得，1874—1876年（74.51.2853）

13

有铭文和母鸡的口杯

希腊，阿提卡，黑绘，约公元前540年
由作为陶工的特雷森签名；传为特雷森画师所绘
赤陶，直径23.3厘米
弗莱彻基金，1956年（56.171.34）

在希腊陶瓶的各种器形中，有一些是专门为饮用而设计的，其中基里克斯杯是最常见的。这种杯最早出现于几何风格时期，尤其是公元前 6 世纪至公元前 5 世纪，其形式经历了一系列的演变。在那时，基里克斯杯可能是与宴饮紧密联系在一起的。这项贵族习俗起源于军中服役的男人们，雅典的男性聚在一起喝酒谈心，寻欢作乐（见第 23 件）。宴饮与进餐是分开的，通常在饭后进行。宴饮由一个宴会主持人根据规定引导，这个主持人决定宴会的流程，并且决定诸如水在酒中的比例等事项。基里克斯杯的装饰经常直接涉及宴饮，或者夹带着与酒神狄奥尼索斯相关的母题。

在公元前 576—前 550 年期间，这种口杯（lip-cup）是基里克斯杯的主要类型之一。它是一个浅色陶杯，通常以一条水平凹槽将杯子分割为上下两部分。其内部是黑色的，可能在杯子中心的圆形画（tondo）里有装饰。即使没有人物的装饰，葡萄酒在富有光泽的黑色表面上所折射出的闪光也会出现变化莫测的效果。在外部，正如这件陶杯所示，在正上方常有一个母题。在这里，我们看到一只引人注目的母鸡，它长着类似人的腿和脚。

在下方，每个把手连接处按照惯例各有一个棕叶饰。两个把手之间经常会附带一段铭文，而不是人物装饰。这是一段清晰的文字，上面写道："特雷森，尼尔乔斯的儿子制作了［我］。"（Tleson, son of Nearchos, made [me] .）这个特点从很多方面来说都是引人注目的。

铭文——艺术家的签名、人物的名字以及有时甚至是物品的名字——自公元前 7 世纪晚期开始常常出现在

图32　基里克斯杯：口杯（酒杯）。希腊，阿提卡，黑绘，约公元前560—前550年。陶工尼尔乔斯签名。赤陶，直径17.9厘米。购买，克里斯托斯·G. 巴斯蒂斯赠礼，1961年（61.11.2）

阿提卡陶瓶上。文字一般写在适当的地方或者有空白的地方（见第9件和第10件）。这个口杯的不同之处在于此处的铭文被当作了装饰。除此之外，它还是对观看者的致辞。我们能够非常肯定这一点，是因为其他口杯上都有带有祝愿的铭文，"干杯"或者是劝勉词"干杯，好好喝"或者是"干杯，然后喝了它吧"。与宴饮相联系的陶瓶从外观上就格外吸引观看者或饮酒者，比如第16件的双耳喷口瓶。

这件口杯上的铭文写着特雷森是尼尔乔斯的儿子，后者就是我们第9件阿里巴罗斯瓶的陶工，这是这件陶器极为有趣的一点。虽然有些陶瓶画师会在他们的签名中加上父姓，不过这并不常见。毫无疑问，特雷森很希望自己被认定为著名的艺术家之子。此外，通过大都会艺术博物馆收藏中一件有签名的陶瓶（图32），我们知道尼尔乔斯也制作过口杯。

有人可能会问，由一只母鸡和一个陶工的签名组成的装饰到底有何意义。由于公鸡是作为男人之间互赠的爱情信物，因此母鸡也可能具有隐含的色情意味，例如，可对照法语中的"poule"（妓女）一词。此外，这个主题也很符合宴饮图像。铭文暗示出特雷森懂得书写，照此来看，这些铭文不仅给他的陶瓶打了广告，而且也说明他受过教育。这进一步暗示出参宴者能够拼读文字。在公元前6世纪中期，阅读和拼写都是额外的技能。值得指出的是，一些陶杯上由字母组成的铭文是毫无意义的，这些字母没有明确的含义或者只是类似字母的釉色图文。这件特雷森杯和成千上万类似这样有铭文的作品，可能是参宴者的特别配件，强调所有参与者的学识。

I4

绘有特洛伊战争场景的基里克斯杯（酒杯）

希腊，阿提卡，黑绘，约公元前540年
传为阿马西斯画师所绘
赤陶，直25.7厘米
诺伯特·舒密尔信托赠礼，1989年（1989.281.62）

阿马西斯画师与埃克塞基亚斯并称最有创新性和技术最高超的黑绘画师。虽然阿马西斯画师似乎有着更长的职业生涯，不过他们是同时代的人，并且也互相知道对方的陶瓶，意识到各自在风格上是截然不同的。我们从签名上知道埃克塞基亚斯既是陶工也是画师。阿马西斯没有留下自己作为画师的签名，但陶瓶的器形、精美的图纹及装饰都能恰到好处地组合在一起，说明他有可能既制作了这个陶瓶，同时对它进行了装饰。人们可能会将这两位同在雅典凯拉米克斯（Kerameikos——陶工的驻地）的大师，与意大利文艺复兴时期都在梵蒂冈为教皇尤里乌斯二世工作的拉斐尔和米开朗基罗相对照。

在公元前540年左右，埃克塞基亚斯将黑绘瓶画引入某类陶杯当中，这种类型的杯子是绘有连续侧面人像的深碗，有一个短的黏土环形柄脚与碗相连接，杯足宽阔结实。这一器形盛行于公元前6世纪下半叶，阿马西斯画师在这件陶杯上也使用了同样的形状。外部装饰描绘的是荷马的《伊利亚特》第13卷中的两段情节。我们尤感幸运的是，从古代到后来的世纪，荷马的盛名从未褪去。鉴于希腊艺术家基本上将所有题材都通过当时的各种装饰表现了出来，那么由荷马所叙述的事件就获得了较强的即时性。

图33 基里克斯杯（酒杯）。
希腊，阿提卡，红绘，约公元
前480年。传为布里塞伊斯画
师所绘。赤陶，直径30.7厘米。
购买，约瑟夫·普利策遗赠，
1953年（53.11.4）

他突然从怪石嶙峋的山头站立起来，
迅速迈步离开，高峻的山峰和森林
在行进着的波塞冬的不朽的脚底下发颤。
他向前跨了三大步，第四步便到达埃盖，
此行的目的地，那里的海渊建有他的
金光闪灿的永不腐朽的著名宫殿。
他来到那里，把他那两匹奔驰迅捷、长着金色
鬃毛的铜蹄马驾上战车，
他自己披上黄金铠甲，抓起精制的
黄金长鞭，登上战车催马破浪……
马儿们欢腾，波塞冬匆匆前往阿开奥斯人的营寨。

[荷马，《伊利亚特》，原文第 13 卷，第 20—
39 行，罗伯特·菲格尔斯英译（纽约：维京企
鹅图书公司，1990 年）]①

　　杯的正面描绘了海神波塞冬在海底的马厩。值得
注意的是布里塞伊斯画师（Briseis Painter）用红绘技
术描绘过波塞冬宫殿（图 33）。英雄忒修斯与他的父亲
波塞冬和继母安菲特里忒（Amphitrite）一起出现。阿
马西斯画师用自己的想象力把这个碗的外轮廓变成了
一个建筑场景。就在杯沿下面，他描绘了一行槽间壁
（metope）和五根圆柱。四个男人和一个监工准备给波

塞冬的马戴上马具，这幅瓶画中不止两匹马——以便波
塞冬可以驱车赶往特洛伊并为深陷困境的希腊军队鼓舞
士气。首先，马匹矫健俊美，气宇轩昂，每匹马都有一
位马夫，马厩的富丽堂皇也由此表现出来。马匹上方的
柱头和砖块用红色和白色进行表现，可能暗示用的是优
质材料。在这个动人的场景中，可以看到一支奇怪的队

---

① 中文译本参考的是《荷马史诗·伊利亚特》，罗念生，王焕生译，
1 版，人民文学出版社，1994 年，第 285—286 页。由于英文版本中
有内容省略，为通顺起见，译文最后一句有改动。——译者注

伍正在劳作，他们的造型都很不起眼。仔细观察槽间壁就会发现每隔一格就描绘了一个形象。从左边开始，我们可以看到各类鸟和走兽，包括一只美洲豹和两只猴子。在最右边，一位小弓箭手在朝左边射箭，在他前面有一个长得像猴子的生物不在原来它所在的方块里了。它有可能是按照自己的意志移动的，或者是被那个弓箭手击落的。稍左边，在第一和第二匹马的背上站着两个小人，左边那个是弓箭手，而另一个裸体青年则正爬上邻近的柱子。他们可能是入侵者，迫使这些马夫们让马安静下来。画面当中，空间的复杂性、动物和人类摆放的位置、对多重现实的暗示，这些特点使得这些画面显得十分特别。

背面表现的是身处特洛伊的波塞冬（可以通过三叉戟辨认出他的身份），他与六个战士和两位旁观者一起。每一个人物都与旁边的人多少有一点点重叠，战士们形象多变，相互之间挨得很近，令人印象深刻。我们无法确认每一位英雄的名字，但是通过他们与神的明显交流以及他们的服饰和装备的闪亮程度可以表明他们的地位。这个场景描绘得不如马厩场景那么惊心动魄，但却使得整体画面更加高贵。在宴饮的情境中（图1和第13、16、23件），这两面所呈现的主题——马匹、战争，还有荷马时代的传统都迎合了富有贵族参宴者们的喜好。

15

雪花石膏瓶（香水瓶）
两个女人背对背式

希腊，希腊东部，公元前6世纪中叶
赤陶，高27厘米
弗莱彻基金，1930年（30.11.6）

阿马西斯画师的基里克斯杯（第14件）对波塞冬马厩的描绘清晰无误地显示了陶工和画师们从三维角度考虑他们的作品的程度。器形与装饰的完美搭配产生了其他表现形式。尤其是在希腊东部，那里偏好把陶瓶做成人型圆雕的形状。我以香水瓶为例，挑选的这个瓶子由一个手捧鸽子的女人构成。实际上，这个例子展现的不是一个女人，而是两个背对背的女人。两位女士都穿着一件叫基同（chiton）的贴身长袍和一件短式希玛申（himation），这种罩袍在希腊东部特别受欢迎。女子左手得体地贴在胸口，并捧着一只鸟，这可能是一种献礼。其中一面，人物右手抓着基同，创造出一种褶皱感。在另一面，人物两只手都捧着鸟。女子赤足站在一个小基座上，而顶在头部的圆盘子成为雪花石膏瓶的口沿。人物应该是用模具制作的，然后把两面连在一起。瓶子保留了最开始的彩色装饰的痕迹。

这类陶瓶的灵感来自石雕少女"科拉"（korai），这是古风时期主要的独立式女性雕像（图34）。这件雕塑虽然残缺不全，但仍说明了其与我们的雪花石膏瓶在服装、抓衣服的手势，以及身前手捧的小鸟等方面的相似性。关于科拉的含义众说纷纭：它们是奉献物和葬礼纪念物，在某些情况下很可能是信徒的形象。在许多高品质的范例中，衣裙的美感、织物纹理的精湛刻画以及褶皱的精妙处理都是非常突出的特征。正如现在的研究所揭示，添加颜色能让雕塑的结构更加清晰。毫无疑问，这些本为大理石的人像被较便宜的赤陶材质的器皿所替代，其功能是用来装精油的，并且表达了一种相当程式化的女性特质。

我们在照片里甚或是透过玻璃陈设柜观看每一件小型便携式希腊器物时都无法体会一个很重要的特征，那就是触感。观察希腊陶瓶的一部分是要思考这些器皿拿在手里是什么感觉。德国诗人歌德（Goethe，1749—1832年）在第五首《罗马哀歌》（Roman Elegy）中写道，用感知的眼睛去观看，用观看的手去感知。虽然他所关注的对象与我们的并不相同，但他的著名陈述非常符合雪花石膏瓶这样的作品。这类女性形象的复制品可与泰勒德斯的安法拉瓶（第10件）、特雷森的口杯（第13件），可能还有埃克塞基亚斯的颈柄安法拉瓶（第11件）相比较，这些艺术家都是刻意用陶瓶的两面来重复某个信息或者主题。

图34 一个科拉（少女）像。希腊，公元前6世纪最后25年。发现于米利都。大理石，高106厘米。柏林国家博物馆，普鲁士文化基金会，文物收藏馆Sk1577。照片由柏林国家博物馆提供

16

两眼之间有狄奥尼索斯和萨堤尔面具的柱状双耳喷口瓶
（用于混合酒和水的碗）

希腊，阿提卡，黑绘，约公元前520—前510年

赤陶，高34.3厘米

罗杰斯基金，1906年（06.1021.101）

黑绘瓶画中最引人注目的图像志上的革新之一是将一双眼睛引入装饰当中。因为陶瓶的两面通常都会进行装饰，因此眼睛也同时出现在两面。这一意义重大的装饰母题最早出现于公元前550—前526年，是在一种新形式的杯子上，这个母题最早的重要范例上签有陶工埃克塞基亚斯的名字。我们已经在阿马西斯画师的例子（第14件）中看到过此类器形，但是上面没有眼睛。人们广泛讨论过眼睛的含义，比较一致的意见是它们与酒神狄奥尼索斯有关。在其流行的约半个世纪里，每一种阿提卡器形的陶瓶中都画有眼睛，尤其是那些与饮酒和特定功能相关的器物上。我们这件柱状双耳喷口瓶在其中一面表现的是狄奥尼索斯面具两侧的眼睛，另一面描绘的是酒神的追随者萨堤尔的面具，这可以从他的动物

耳朵辨认出来。这类眼睛可能附带一个鼻子、其他形式的耳朵（见第17件），以及一系列种类繁多、看起来毫不相关的主题，诸如士兵或者战车等。它们的含义引出的一系列并非互相排斥的阐释。它们可以用来避邪、驱恶，也有劝酒的效果。它们被画在饮酒器上的时候，似乎是赋予陶瓶一张拟人化的脸；当把酒杯举到饮酒者的脸上时，陶瓶就变成了一张面具。

是什么样的背景导致出现这种眼睛，答案同样尚不明确。自公元前576—前550年伊始，狄奥尼索斯在阿提卡地区变得愈发重要。这里有一个问题，这种现象是否与当时的政治，诸如庇西特拉图（Peisistratos）的统治氛围有关。庇西特拉图家族是雅典的一个重要家族，他们在公元前560至前514年间时断时续但又很

图 35 奥尔佩瓶（圆形有嘴壶）。希腊，阿提卡，黑绘，公元前550—前526年。传为耶拿·凯纽斯画师所绘。赤陶，高27厘米。伯克利，菲比·A. 赫斯特人类学博物馆，编号8/3379。版权归属于菲比·A. 赫斯特人类学博物馆及加利佛尼亚大学董事会，目录第8/3379号

有影响力地掌握着政权。他们建立了一段和平与繁荣的时期，着手修建了重要的公共建筑，培养出众多祭仪，尤其是关于狄奥尼索斯的信徒，并且在泛雅典娜节（Panathenaic festival）的发展中发挥了重要作用（见第22件）。因此，即使庇西特拉图家族没有积极地提高酒神的地位，他们也创造了有利于其流行的环境。伯克利那件公元前550—前526年的奥伊诺丘瓶（壶）上的装

饰简明地表现了正在发生的事（图35）。我们看到狄奥尼索斯拿着葡萄枝，站在两个萨堤尔之间，每个萨堤尔都正趋上前来，由于眼睛形酒囊太重而弯下腰来。虽然这件陶瓶并不是特别精致，但它的意义在于把所有元素都集合在了一起。

大都会艺术博物馆的这件柱状双耳喷口瓶既以眼睛图案进行装饰，又添加了狄奥尼索斯和一个他的男性追随者的脸。这些脸很可能是面具，因为后来的陶瓶在描绘酒神节——勒纳节（Lenaia）时，画面的焦点就是附在直立支撑物上的与这些瓶画类似的面具。让我们这幅双耳喷口瓶图像志极富气势的是其直接凝视着观者的元素组合。一个陶瓶与其使用者之间的联系体现在许多层面，从对陶瓶的处理开始，并且以诸如写给使用者的铭文这样的特征（见第13件），或者是各面瓶画场景之间的相关性继续着这种联系。宴饮陶瓶元素的多样性与宴饮本身一样复杂。

公元前7世纪末期的希腊诗人阿尔凯奥斯（Alkaios）这样写道：

让我们畅饮！为何我们还要等待灯光？这一天只剩下一点点了。

朋友，取下这大装饰杯。
赛默勒与宙斯之子（狄奥尼索斯）带给男人们美酒，
以让他们忘记悲伤。
两份酒里掺进一份水，斟满它，
然后让我们推杯换盏。

[《希腊抒情诗》（*Greek Lyric*），第一卷，第378—381页，第346章，大卫·A. 坎贝尔英译，勒布古典丛书（剑桥，马萨诸塞：哈佛大学出版社，1982年）]

17

带眼睛、鼻子和耳朵的基里克斯杯（酒杯）

希腊，哈尔基斯，黑绘，约公元前540—前520年
传为菲纽斯画师工作组所绘
赤陶，直径19.4厘米
通过捐助购藏，1896年（96.18.65）

如图所示的酒杯说明了地域的复杂性，这在公元前6世纪的希腊艺术中非常典型。酒杯的外部装饰包括一双就像我们在第16件的双耳喷口瓶上所看到的那种眼睛，它们的出现一定也是由酒神崇拜促发的。通过加入鼻子和双耳，这个酒杯在脸部的表现方面更加清晰。虽然形式有所不同，但呈现在此处的眼睛陶杯上的鼻子是从埃克塞基亚斯以及其他一些早期阿提卡陶瓶中发展出来的（见第16件）。然而，耳朵采用的则是典型的哈尔基斯风格的构造。如图所示，它们组合起来应当是某种动物，引申开来看像萨堤尔，不过也有可能是人类的形式。尽管饰有眼睛（偶尔有鼻子）的阿提卡陶杯和陶瓶常常采用诸如正视的战车这类看似毫不相关的主题，而哈尔基斯的陶瓶更多时候描绘的是面具。与这类装饰惯例相关的器形往往带有把手棕叶饰（见第13件）。这些哈尔基斯酒杯除了独特的装饰以外，还以精妙的构造、描画精致有序的釉线、截锥形杯足而闻名。

哈尔基斯陶器上的地域因素使得人们对它产生了特别的兴趣。这些陶瓶最开始是通过卡尼诺亲王在武尔奇地区的发掘以及爱德华·格哈德的《沃尔森特报告》（见引言，上文第21页）为人所知。当时的学术重点都是有铭文的材料，然后到了1863年，阿道夫·基尔霍夫（Adolf Kirchhoff）意识到陶瓶上所用的字母是哈尔基斯及其在意大利南部的殖民地的。哈尔基斯是希腊优卑亚岛上的重要中心。当这类材料越来越多地为人们所知时，它在地中海西部的重要性也逐渐清晰起来，主要是在意大利，但也远及西班牙的安普里亚斯（Ampurias）和法国的马赛，但在希腊本土没有这种例子。尽管尚未确定生产中心在哪里，但雷焦（Reggio）[位于现在的卡拉布利亚大区（Calabria）]极可能是当时的中心，因为人们在神庙和墓穴中都挖掘出大量此类陶器。

公元前6世纪的陶器很吸引人，因为从大希腊（Magna Graecia，古希腊殖民地）到爱奥尼亚（Ionia）的整个希腊世界范围内的器形、主题以及装饰纹样都存在着共性，与此同时也存在着显著的地域差异。对于专家来说，哈尔基斯眼睛杯是一个持续的挑战，他们要去探索陶杯的生产中心，还要阐释它们与阿提卡陶瓶之间的关系。

18

带有喷泉场景的哈德利亚瓶（水罐）

希腊，阿提卡，黑绘，约公元前510—前500年
传为"汉堡1917.477类型画师"所绘
赤陶，高37.5厘米
罗杰斯基金，1906年（06.1021.77）

希腊陶瓶会让我们贴近其制造的时代，不仅是因为我们知道这个大水罐是由公元前 6 世纪末的希腊人制作和处理的，而且因为它们所描绘的主题使我们得以一瞥当时的生活。这样的场景开始出现于公元前 550—前 526 年，随后出现得愈加频繁。

这件哈德利亚瓶为接水和运水进行了完美设计，它有着宽口沿、宽器足，两边各有一个方便提起的水平把手，而在水罐背后有一个方便倾倒的竖直把手。这一器形常常用赤陶和金属材料制造，尤其是青铜（图 36）。哈德利亚赤陶瓶上的装饰经常和水有关。我们在这里看到五位年轻女子带着水罐在一个泉屋前盛水。

由于陶瓶上很少会描绘建筑，因此泉屋的题材大受欢迎。泉屋是在描绘阿喀琉斯伏击特洛伊罗斯（Troilos）时的一个重要画面（图 37），这是特洛伊战争中的一段情节：只要特洛伊国王普里阿摩斯（Priam）的儿子特洛伊罗斯还活着，希腊人就无法占领特洛伊。特洛伊罗斯陪他的妹妹波吕克塞娜（Polyxena）去汲水，阿喀琉斯埋伏在泉屋后，然后杀死了他。在公元前 6 世纪早期，这个神话题材受到青睐，同一世纪，哈德利亚瓶上的女性场景也随后变得流行。也是在这个时期，众多希腊城市都改善了当地的供水系统。雅典人见证了"九眼泉之屋"（Enneakrounos）的建造，这是一

图36 哈德利亚瓶（水罐）。希腊，阿尔戈斯，公元前5世纪中期。青铜，高51.4厘米。购买，约瑟夫·普利策遗赠，1926年（26.50）

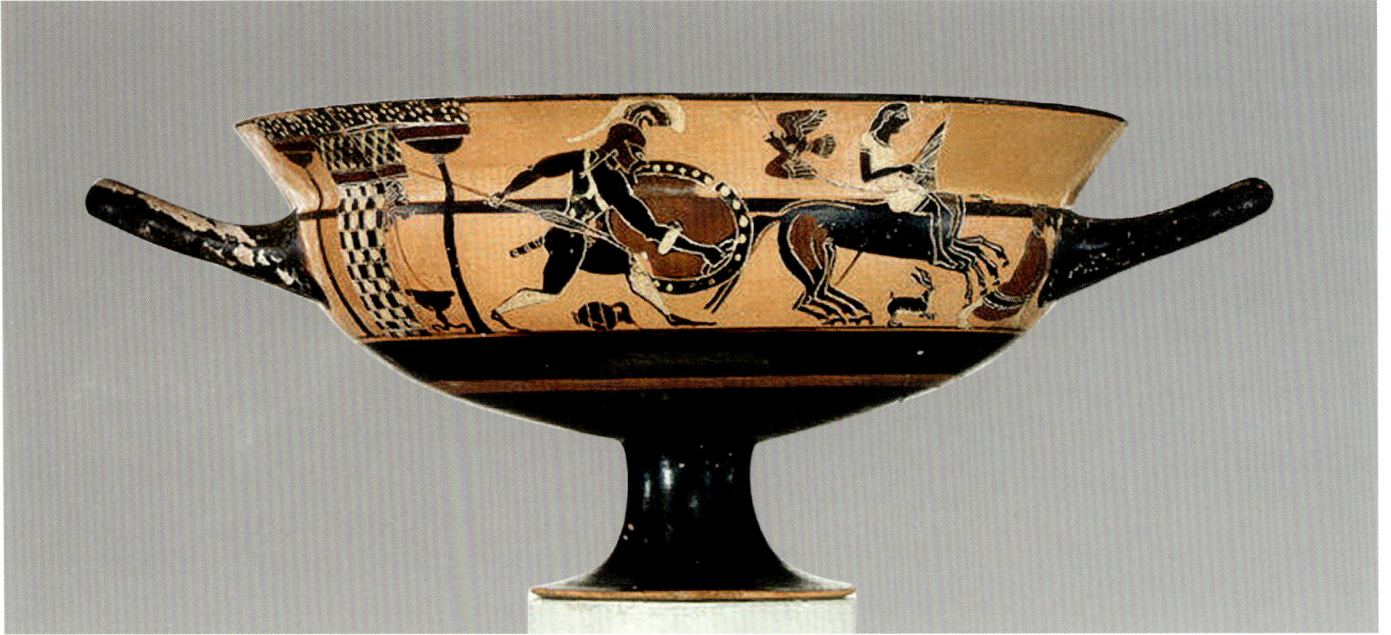

图37　基里克斯杯：夏纳杯（酒杯）。希腊，阿提卡，黑绘，约公元前575年。传为C画师所绘。赤陶，直径24.5厘米。购买，1901年（01.8.6）

个有九个喷口的喷泉。

　　哈德利亚瓶画上的建筑主要是由一个柱子支撑的倾斜屋顶、一块升高的地板，以及在后壁上一个正涌出水的狮子头喷口组成的。画师精心描绘出正在接水的哈德利亚瓶，包括侧把手。令人感兴趣的是直接刻在把手下方的水平线。它在另两个陶瓶的瓶画上也出现过，几乎可以很肯定地表明它们是青铜质地。在一件青铜器物当中，这片区域是口沿和肩部连接瓶身的部分。但一件赤陶哈德利亚瓶不可能分段制作，如果是那样的话它就不能装水了。在这件哈德利亚瓶的图像中，我们也会注意到，在瓶子是空的情况下是被横着提起来的，有的直接拿在竖直把手上，有些则平稳地顶在头部，最左边的女人用了一个甜甜圈形状的香蒲垫。

　　通过观看这幅画面，我们能够相当确定它包含了许多可以直接观察到的细节。与此同时，我们不得不产生

疑问，那些年轻女子是谁，除了表面含义外，她们的出现是否有某些特殊的意义。我们同样也需要考虑到瓶肩上表现勇士战斗的主题。哈德利亚瓶和水——具有许多功能，尤其是在宴饮和丧葬仪式中。这些女士有可能是一个雅典公共喷泉屋中的年轻女子，但有一个问题是，她们是否是在无人护送的情况下离开家的。她们也可能是高级妓女（见第13件和第23件），或者她们很可能是为某些仪式汲水，有可能是葬礼。在类似这样的情景或者是宴饮场景中，战争的刻画会使人联想起雅典公民及其祖先的英勇功绩。陶瓶上这两幅图像之间的对比看起来有些矛盾。然而，我们已经在几何双耳喷口瓶（第6件）以及泰勒德斯的安法拉瓶（第10件）上看到过类似的组合画面，它们时常出现在红绘陶瓶上，尤其是公元前6世纪至前5世纪期间，以及更晚的时间（例如第20、32件）。

19

绘有赫利俄斯、尼克斯、厄俄斯和
正在献祭的赫拉克勒斯的莱基托斯瓶（油瓶）

希腊，阿提卡，黑绘，约公元前500年

传为萨福画师所绘

赤陶，高17.3厘米

罗杰斯基金，1941年（41.162.29）

这件独特的陶瓶令人敏锐地注意到到那些已经遗失了的希腊艺术品，并为此深感惋惜。这幅场景宏伟而又抒情，描绘细致入微。在瓶身中央，与把手相对的地方描绘的是太阳神赫利俄斯（Helios），他的名字也写在上面。赫利俄斯在这里以一个驭者的形象出现，他抓着赶车的刺棒，并且从他战车的四匹马中间升了起来。他的头上有一个圆盘，头顶围绕着由稀釉（见引言，第25页）画的光环，其内部清晰地划刻了一个圆圈，并涂上了一层稀釉，似乎是要表现一个三维的球体。一个引人注目的细节是在他发梢的金色，染上了一层光晕。在瓶身的上部，尼克斯（Nyx，黑夜女神）和厄俄斯（Eos，黎明女神）分散在相反的方向，她们的名字也被标示出来了。在早期的一些文学中记载，厄俄斯与赫利俄斯是姐弟。虽然尼克斯与厄俄斯似乎每人只有两匹马，但马腿的数量表明他们驾驭的也是两轮战车（四匹马的战车）。两个神的形象通过他们头上的球体被区分开来：尼克斯的是暗红色，而厄俄斯头上的则有两个划刻的圆圈。

人物和马匹只画了上半身，其余的部分都隐藏在画面底部斑驳的棕色釉迹中。这个釉迹具体代表什么意思尚不明确。荷马将赫利俄斯的家置于大洋彼岸，周边洋流环绕。在夜晚，赫利俄斯沉入大海，回到王宫中，然后乘着一个巨大的开口杯回到东方。尼克斯和厄俄斯下面的釉迹有可能是云，但它们也可能表现的是大洋流。这些釉迹对于表现画面效果来说意义非凡，因为釉迹把空间感和体积感带入到陶瓶表面，不然的话，画面就会

显得平淡无奇。考虑到把手下方的画面，这一元素显得
尤其合理。

当宇宙事件在前景展现时，赫拉克勒斯，这位希
腊神话中最具代表性的英雄，正在燃烧的祭坛上烤两根
肉串。一条不规则的釉线表明了他位于一个平顶的低台
上。通过狮子皮、弓和箭袋，可以辨认出他是赫拉克勒
斯。他在执行一个燃烧仪式，在那两根长长的烤肉叉
上，动物的内脏已经被献祭给了诸神。祭坛上的肉有象
征着吉祥的朝上卷曲的公牛尾巴。这件莱基托斯瓶的两
个画面之间不太可能有准确的联系。可能有一部分叙事
意义，因为在赫拉克勒斯的十二功绩中，他与赫利俄斯
有两次交锋。他通过偷取三头牧人革律翁的牛群而得到
了太阳神的酒杯（见第 12 件）。他还清理了赫利俄斯之
子奥革阿斯（Augeias）的牛棚。这幅瓶画最非比寻常
的一面是让人们看到影响人类存亡的强大自然力量。赫
拉克勒斯，是人与神的结合（见第 24 件），当黎明女
神、黑夜女神和太阳神能够运行他们势不可挡的力量的
时候，他很渴望得到诸神的青睐。这里交织的线索确实
非常复杂。

这件带有绘画装饰的器形是莱基托斯瓶，这是一种
油瓶。在公元前 6 世纪的某个时间，我们无法精确判断
具体是什么时候，莱基托斯瓶变成了绝佳的葬礼供奉器
皿。大约在公元前 520 至前 510 年之间，这种造型还开
始用白色的化妆土覆盖，就像我们在萨福画师的陶瓶上
所见的那样。由于他在一件哈德利亚瓶上描绘了女诗人
萨福，上面有她的名字题款，所以他被称为萨福画师。
从公元前 470 年至公元前 5 世纪末，白底莱基托斯瓶都

以一系列葬礼主题进行装饰，基本以描绘神话和日常生
活（见第 28 件）为主，并且通常都作为献祭品被放置
在坟墓前。我们这件陶瓶的器形、化妆土的运用，以及
当中的场景很可能都有一个共同的含义。这件莱基托斯
瓶是在雅典墓葬中发现的四件陪葬品当中的一件。

20

绘有争夺德尔斐青铜三脚祭坛的赫拉克勒斯和
阿波罗的安法拉瓶（储存罐）

希腊，阿提卡，约公元前530年
由陶工安多基德斯签名；安多基德斯画师进行红绘装饰，利斯庇得斯画师进行黑绘装饰
赤陶，高57.5厘米
购藏，约瑟夫·普利策遗赠，1963年（63.11.6）

希腊艺术的特征之一是充满生命力，这种生命力赋予每一件希腊造物独一无二的魅力，并且能够不断复兴。大约在公元前530年引入的红绘技术就很好地证明了这一点。这项革新非常简单，因为所有的先决条件都已经具备，材料也恰好都是一样的，与剪影相对照的画法也在之前应用过。不过，我们并不了解促使这一改变的催化剂是一个因素还是多种因素的合力。在黑绘中，人物是用釉色画上去的，然后在烧制过程中变成了黑色。而在红绘中，保留下黏土表面的橙色，而背景由烧制过程中形成的黑色填充。这一卓越的发展是由看上去似乎很小的转变带来的，不论是图像的轮廓还是内部的细节，现在能够更自由地将这些形式描绘出来。釉色应

用于多种表现形式，从细直的浮雕线到精妙的淡染。例如，第19件莱基托斯瓶上那个精心刻画的釉迹就直接来源于这种新技术。

通常认为，红绘技术出自安多基德斯陶工的工坊。由他签名的陶瓶有的以红绘，有的以黑绘装饰（图38），有时候是两者兼而有之，这样的陶瓶被称作"双绘版"。在第20件陶瓶上，他一丝不苟地将自己的签名刻在了器足的位置。这个器形是安法拉瓶的一种新变体，与大饮杯（见第14件）出现在同一个时代，而且这两种陶瓶都与埃克塞基亚斯有关系。大都会艺术博物馆这件安法拉瓶身上的瓶画装饰传为一位安多基德斯的匿名红绘合作者所画，被称为安多基德斯画师。画面主

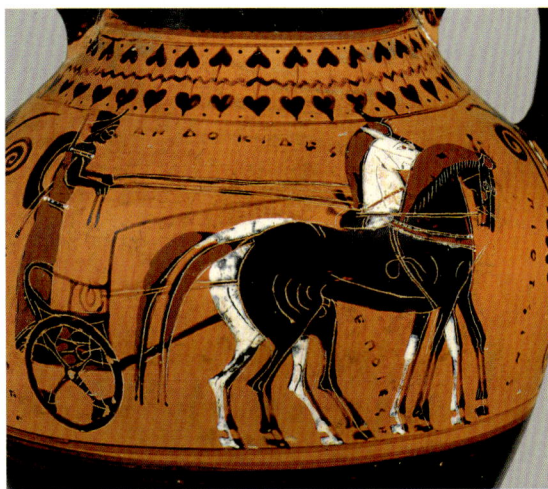

图38 带盖的安法拉瓶（储存罐）。希腊，阿提卡，黑绘，约公元前540年。陶工安多基德斯签名。赤陶，高26.4厘米。克里斯托斯·G.巴斯蒂斯先生及夫人赠礼，向卡洛斯·A.皮肯致敬，1999年（1999.30a,b）。局部

要描绘了一个在当时很流行的主题，英雄赫拉克勒斯与阿波罗神争夺德尔斐的阿波罗圣所里最重要的三脚祭坛的所有权。主持仪式的女祭司坐在祭坛上面传达神谕，这神谕通常是模棱两可的，却总是为祈求者起到预示作用。赫拉克勒斯想要为自己建立一个神谕圣所，他试图偷走德尔斐三脚祭坛，由此引发了一场争夺它的拉锯战。两位主人公的两边分别站立着他们的神圣同盟：雅典的保护神雅典娜支持赫拉克勒斯，狩猎女神阿耳忒弥斯则支持她的孪生弟弟阿波罗。陶瓶的背面表现的是酒神狄奥尼索斯（他的形象常常出现在红绘陶瓶上），他站在自己的追随者萨堤尔和女祭司迈那得斯中间。狄奥尼索斯和阿波罗共同拥有支配德尔斐的权力，狄奥尼索

斯是在冬天，阿波罗在夏天。虽然在这里这些场景的描绘得略显笨拙和程式化，但流畅的肌肉线条、精细的衣褶，以及对细节的灵活描绘都说明了在刻痕上进行绘画的优势。

通过被称作双绘版的陶瓶（主要是安法拉瓶和酒杯），艺术家和他们的客户意识到了黑绘技法与红绘技法之间的不同，因为这两种技术出现在同一件陶器上。大都会艺术博物馆的这件安法拉瓶是精心制作的改良品，因为黑绘的元素仅限于口沿，并应用在白色化妆土之上。双绘陶瓶说明了新的红绘技术的诞生，通过对比展现了这种技法的潜力。在这件作品上，安多基德斯和与他合作的画师们似乎在展示他们正处于革新的最前沿。

21

两个托台

a. 伊里斯和斯芬克斯
希腊，阿提卡，红绘，公元前520年左右
赤陶，高25.4厘米
路易斯·V. 贝尔基金，1965年（65.11.14）

b. 两个斯芬克斯
希腊，阿提卡，红绘，约公元前520年
赤陶，高26厘米
诺伯特·舒密尔先生及夫人赠礼，1980年（1980.537）

从公元前 6 世纪早期开始，绘有阿提卡瓶画的各种器形因为它们所要满足的功能而始终保持不变。不过间或仍有新的类型出现。这些托架显得非常有趣，因为它们是专为满足伊特鲁里亚的市场需求而作的。由于在伊特鲁利亚已经挖掘出数以千计的阿提卡陶瓶，近来学术界也开始建立与之相关的信息图式，比如说，对某些在特定场所陈列的标准希腊陶瓶器形以及对某些特定人物的偏好。虽然有的是在房屋和神殿中发现的，但绝大多数器物都出现在坟墓中。事实上，公元前 6 世纪后半叶至公元前 5 世纪，伊特鲁里亚所有陪葬品中有百分之六十到八十都是一些阿提卡陶器。

鉴别这些托台为出口器皿的标准是，它们是一种伊特鲁里亚代表性器形的精致版。这种伊特鲁里亚陶器是一种产于本地、外表呈哑光黑的陶器，叫作布克凯洛（图 39）。这类器物有可能是用来盛装祭品的。这些更为精致的阿提卡陶瓶显示这些器皿是专门受人委托制作的。交易有可能是在伊特鲁里亚的中间商那里完成的，比如在塔尔奎尼亚（Tarquinia）附近的格拉威斯卡（Gravisca）这样的贸易中心，吸引了来自整个希腊世界的商人，也包括雅典。但没有证据表明有伊特鲁里亚的商业团体长期定居在阿提卡或者希腊本土地区。

这对（也可能不是成对的）托台最具趣味性的地方在于其构造和图像志之间的相互关系。这两个托台都将圆筒的敞开部分装饰成带翼的女性形象。其中一件表现了女信使伊里斯（Iris）和一个斯芬克斯，另一件表现的是两个斯芬克斯。这两件托台和陶工制作的陶瓶一样都像是赤陶艺人（coroplast，一类用陶土制作塑像的

图 39 托架。伊特鲁里亚，布克凯洛，公元前 6 世纪。赤陶，高 9.5 厘米。购买，1896 年（96.9.102）

手工艺人）创作的。夸张的翅膀和头部让人想起布克凯洛陶器对斯芬克斯和塞壬的偏好，但是在公元前 6 世纪末至公元前 5 世纪期间，带翼或者是举起双臂的赤陶形象更多的是出现在伊特鲁里亚宫殿和其他建筑结构的屋顶上。虽然并不了解这样的陶瓶器形，但雅典艺术家对托台上的人物形象却非常熟悉。伊特鲁里亚客户对托台上的人物形象和器形都极为熟悉，这表明为了达到更好的效果，陶工下了额外的功夫，使得这些器皿更具伊特鲁利亚当地的风格。人们不禁在脑海中推想，当年会有一个富有的俗人，他想要得到一件雅典凯拉米克斯陶区（那里是引领潮流的精美陶器制作中心）最新风格的礼器。现代社会也有类似的例子，1930 年代，海得拉巴的尼吕费尔公主（the Princess Nilüfer of Hyderabad）也曾拥有一件巴黎时尚设计师珍妮·朗万（Jeanne Lanvin.）专门制作的印度莎丽服。

22

泛雅典娜节安法拉奖品瓶（储存罐）

希腊，阿提卡，黑绘，约公元前500年
传为克里奥夫拉迪斯画师所绘
赤陶，高63.5厘米
罗杰斯基金，1916年（16.71）

因为每一种阿提卡瓶画的技术都在特定时期流行过，因此人们倾向于用时间顺序来考量。然而，至少有两种技术，与器形和功能有着不可分割的关系。到公元前5世纪早期，白底莱基托斯瓶为葬礼仪式服务（见第19、28件）。在引入红绘之后，黑绘一步步衰微，只有一种器形持续留存到了公元4世纪，这就是泛雅典娜节的安法拉奖品瓶。

泛雅典娜节安法拉奖品瓶是为纪念雅典娜女神（该城的庇护神）每四年举办一次的运动和骑马竞赛中颁发的奖励。泛雅典娜节体育竞赛在公元前576—前550年间出现，随后逐步演变，并在公元前550—前526年正式建立起来。实物的奖品是一种由这种陶瓶盛装的特制橄榄油，而且超过优胜者所需要的量，具有转售价值。在安法拉奖品瓶流行的很长一段时间里，其器形、容量、图像志以及制作手法都保持着一致。这个陶瓶能盛大约一米突里蒂斯（metretes，42夸脱）[1]的油，它的口径狭小，瓶颈窄小，瓶足较细，瓶身饱满，有两个竖直把手。瓶身主要的前立面表现的是雅典娜，她戴着头盔，身穿铠甲，一只手持神盾（aegis），另一只手拿矛，背面描绘的是选手在某个竞赛项目中赢得奖品的场景。雅典娜头盔顶部的羽饰竖直地插进了上方的舌形装饰条带。她站在两个柱子中间，左侧的柱子旁边写有铭文——"[一个奖品]来自雅典运动会"。这类陶瓶始终用黑绘来装饰。

在这个陶瓶中，雅典娜坚定地跨步使斗篷垂下了极为飘逸而柔软的褶皱。如果我们将她衣服上的刻痕与埃克塞基亚斯的颈柄安法拉瓶（第11件）相比较，就会注意到这里的笔触更轻柔，如微风抚面。通过这件泛雅典娜节奖品瓶我们看到重要的红绘艺术家之一克里奥夫拉迪斯画师（Kleophrades Painter）用黑绘进行创作。虽然他完美地掌握了旧技术，但他的手法娴熟转换自红

---

[1] 米突里蒂斯（metretes）是古希腊的液体计量单位，一米突里蒂斯相当于37.4升。——编者注

绘。通过其风格化的特征可以确定这件作品的创作者。除此之外，克里奥夫拉迪斯画师喜欢用带翼的马匹装饰雅典娜的神盾，已有学者猜测是否某些艺术家或工坊钟情于特定的装饰图案。

反面的瓶画略微缩短了，画面中有两个男人正在进行古希腊式搏击（pankration），右侧有一个训练师在一旁观看。这是最危险的一个项目，它结合了拳击和摔跤，除了不允许用牙咬和挖眼睛之外，允许参赛人员的任何行为。在这里，中间那个有些臃肿的男人正踢向他的对手，后者抓住那条腿并且准备把他摔回去。人物造型的体量感，尤其在浅色背景的映衬下，与训练师的人体比例及其宽松长衫的衣褶和图案相得益彰。

……在一场运动竞赛中一个男人赢得了
他所渴望的荣誉，此时浓密的花冠
环绕于他的发间，在他用双手或者是用他敏捷的双脚
获得了胜利之后。
但是男人的勇猛由神决定。

［品达，《地峡赛会颂歌》（Isthmian Odes），
第 5 章，第 7—11 行。威廉·H. 雷斯英译，
勒布古典丛书（剑桥，马萨诸塞：哈佛大学
出版社，1997 年）］

23

有宴饮场景的基里克斯杯（酒杯）

希腊，阿提卡，红绘，约公元前480年
由陶工希伦签名；传为画师马克隆所绘
赤陶，直径33.2厘米
罗杰斯基金，1920年（20.246）

到公元前 530 年左右，随着红绘技术的出现（见第 20 件），对雅典人（其中的特权公民）生活场景的描绘比黑绘瓶画更加频繁。这些图画到底有多真实仍存在着巨大争议。然而，即使考虑到一些艺术发挥的余地，但像这样的酒杯也能够让两千多年以后的观者看到一场希腊早期古典时期的宴饮。不幸的是，它的表面已经破损严重。每一面都刻画了三个带厚垫子的卧榻（klinai，宴会躺椅）。在卧榻前面摆放着更为低矮的桌子，在这件作品上桌上摆的是花，但经常用来放酒杯和食物。一般进餐之后，紧接着就是宴饮了。两面的人物都由三对

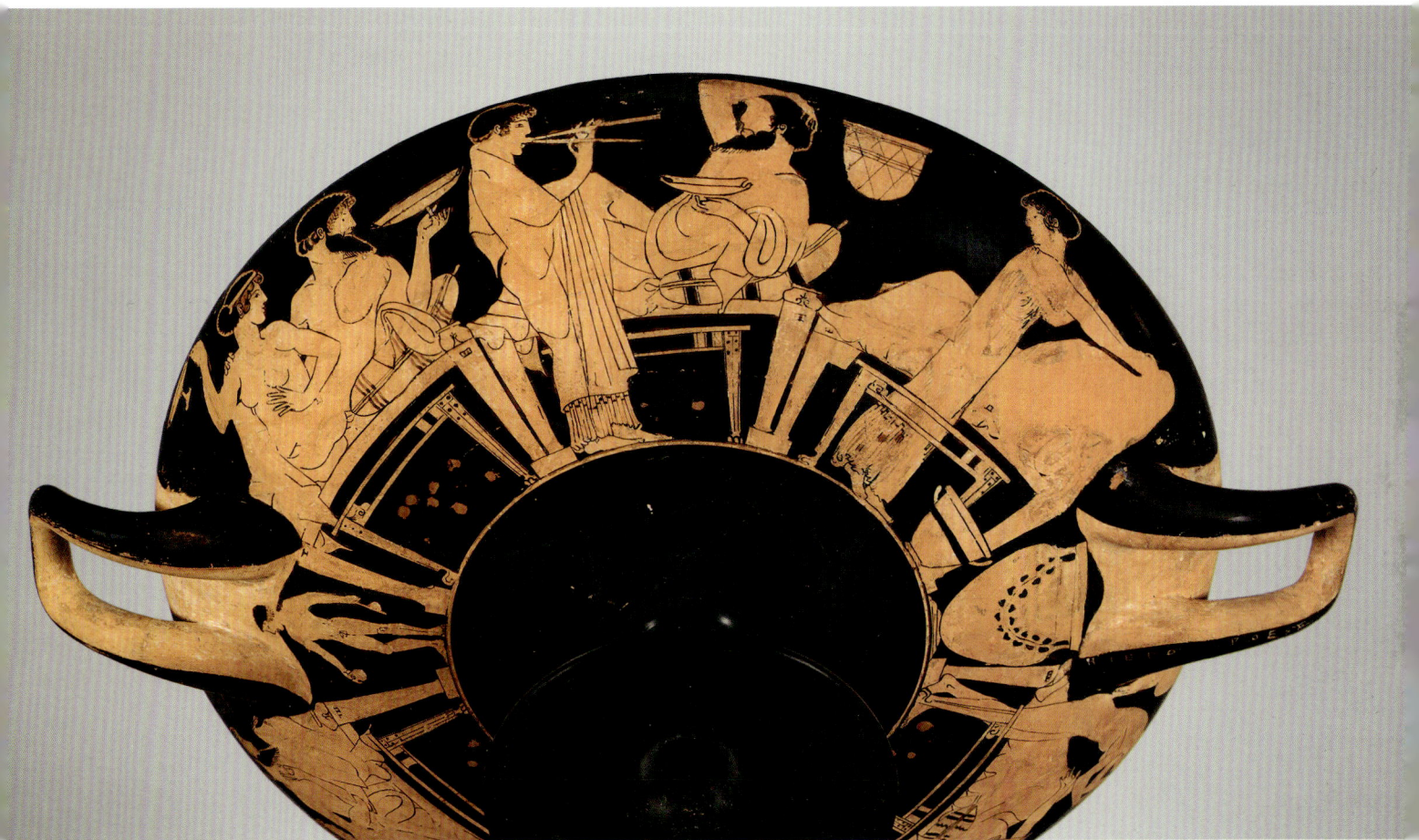

组成。这些女人是高级妓女（hetairai），或者说用艺伎来形容她们更为贴切，而不仅仅是妓女，因为她们提供的娱乐不仅限于性爱。这三对情人共用一张卧榻。酒杯另一面的三对中，有一个女人正在系头发，有的在吹长笛，还有一个避开脸不看自己的伴侣，他正在对着地板上的斯凯佛司杯呕吐。在一个把手下方刻画了一个用常春藤花环装饰的大型柱状双耳喷口瓶（见第16件）。另一个把手下面，一位年轻的仆童拿着一个小水壶和一个青铜或银制的过滤器（图40）。画面中有一个灯柱，可以确定是青铜材质的（图42），它的顶上撑着一盏灯。

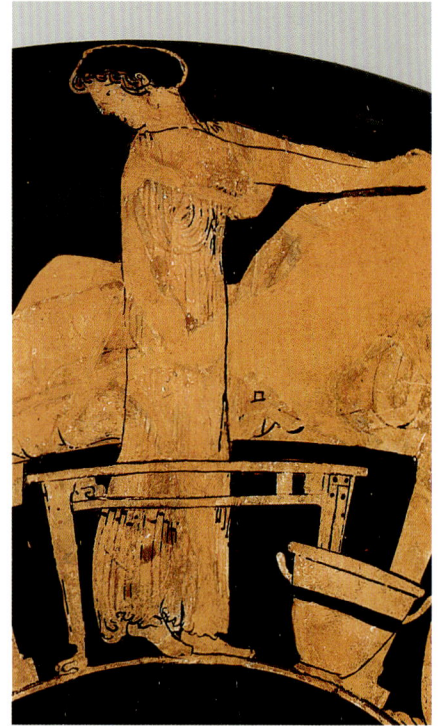

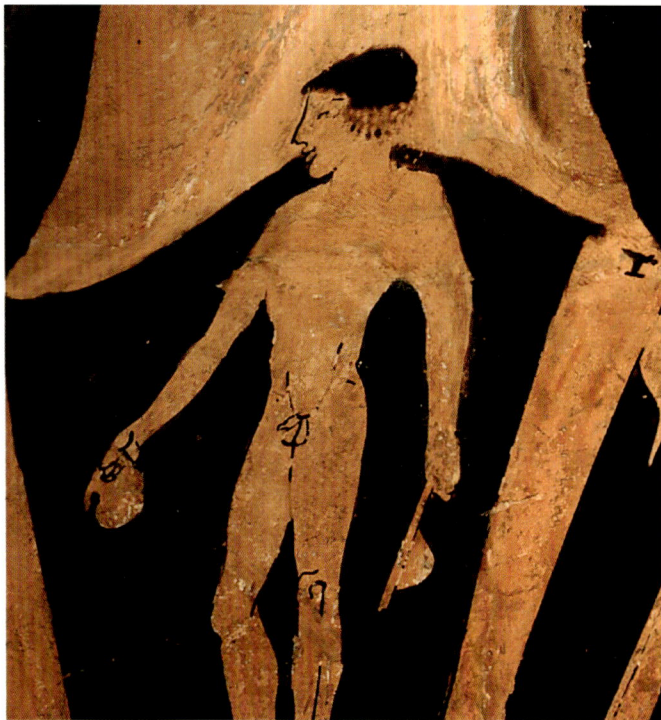

图 40　滤器。伊特鲁里亚，公元前 5 世纪。青铜，高 25 厘米。罗杰斯基金，1922 年（22.139.17）

图 41　长柄勺。伊特鲁里亚，公元前 5 世纪晚期。青铜，高 45.6 厘米。大都会艺术博物馆新增（x.21.90）

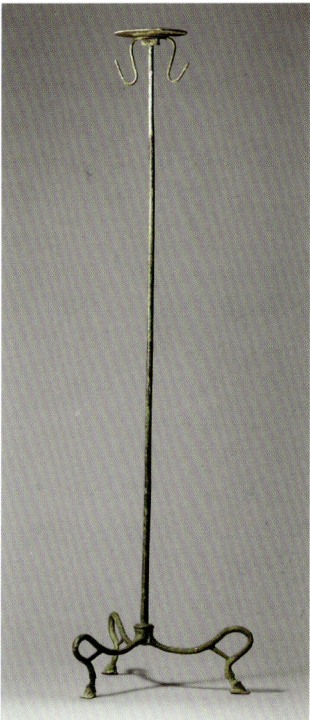

图42 灯柱。希腊或者塞浦路斯，公元前6世纪晚期。青铜，高65.4厘米。切斯诺拉收藏，通过募捐购得，1874—1876年（74.51.5666）

灯下面挂着一个青铜或银制的长柄勺和一个滤器。固定在背景墙上的有一个野餐篮、一件捆好的衣服和一对克罗塔拉（krotala，响板）。这个场景如此引人注目不仅是因为它对细节的描绘和多样的图形，同时也因为上面富有情感且不带偏见的刻画。

内部的圆形画更加完美地补充了酒杯外部的描绘。在左边，萨堤尔正在吹笛子。他经过精心修饰，可以看到尾巴上的线整齐有序，框住脸部的卷发颇为整洁，还有颈根部的头发收尾干净利落。他正在为向左移动的女祭司吹小夜曲，她拿着生命之杖（thyrsos），顶部缠绕着常春藤的茴香杆是狄奥尼索斯的女随从的标志。她随

着音乐优雅地舞动。虽然破损的表面让我们无法看到她精美衣褶的细节，但人们依然能够清晰地感知到画面的品质。

我们能够通过狄奥尼索斯的字母拼写来确定将这些人物形象出色地安排在一起的艺术家们的身份。这两位艺术家都擅长制作装酒的器皿，有些是斯凯佛司杯，但大部分是基里克斯杯。这件杯子的把手上刻有希伦（Hieron）的名字，这位陶工经常在陶器上刻他的名字，并且经常与画师马克隆（Makron）合作。在现存的陶瓶中，只有一件同时出现他们签名，但是马克隆独特的风格以及他对狄奥尼索斯场景的偏好，可以毫无疑问地确认他们之间经常合作。

24

绘有婴儿赫拉克勒斯扼蛇的卡尔皮斯瓶（水罐）

希腊，阿提卡，红绘，约公元前460—前450年

传为瑙西卡画师所绘

赤陶，高36.8厘米

弗莱彻基金，1925年（25.28）

当宙斯之子（赫拉克勒斯）一从他母亲的子宫中出来逃离出生之痛，

与他的孪生兄弟（伊菲克勒斯）一起

进入异常明亮的白天，

他没能逃脱赫拉对她的金御座的警示

当他躺在黄色的襁褓中。

但这位神的皇后

愤然立刻放出了毒蛇，

当大门打开

它们进入到卧室最深的隐蔽处，

渴望用它们迅猛的下巴缠绕住小婴儿。但是男孩儿直接抬起他的头，投入了他的第一场战斗，

抓住了两条蛇的脖子

用他那无法逃脱掉的双手……

难以忍受的恐惧

袭击了那个时候每个在阿尔克墨涅床前的女人……

安菲特律翁手中挥舞着尚未抽出鞘的剑前来……

他站在那儿，目瞪口呆，痛苦又快乐，因为他目睹了

儿子非凡的决断与神力

[品达，《尼米亚颂歌》（Nemean Odes），第1章，第35—56行，威廉·H. 雷斯英译，勒布古典丛书（剑桥，马萨诸塞：哈佛大学出版社，1997年）]

在希腊瓶画的神话题材中，英雄赫拉克勒斯占据了超群的位置。当其他诸如阿喀琉斯或者是忒修斯这样英雄的生死和功勋题材变得流行时，叙事情境的种类以及再现现实场景的数量都变少了。赫拉克勒斯的超常能力在婴儿时期就显露出来了，这幅令人心生愉悦的画面是以哈德利亚瓶的形式描绘的（参照第18件），这一器形出现于公元前6世纪末，与引入红绘技术的时间大致相似。

安菲特律翁（Amphitryon）是梯林斯国王的儿子，与迈锡尼国王的女儿阿尔克墨涅（Alkmene）订婚。在一次意外中，他杀死了阿尔克墨涅的父亲，然后与阿尔克墨涅逃到了底比斯。为了与她结婚，安菲特律翁需要完成一系列功绩。安菲特律翁在回家的途中，宙斯伪装成阿尔克墨涅的丈夫与她发生了关系。就在同一晚，安菲特律翁与她做了同样的事。阿尔克墨涅生了两个孩子，一个是赫拉克勒斯——宙斯的儿子，另一个是伊菲克勒斯——安菲特律翁的儿子。赫拉对丈夫宙斯的行为感到狂怒，她放出毒蛇去咬他的孩子。在这个极为迷人的描绘中，赫拉克勒斯和伊菲克勒斯在一张长椅上，上面盖着一层条纹垫子，让人想起现代社会的床罩。伊菲克勒斯正使劲地朝着他的母亲打手势，但是他的母亲却跑开了。赫拉克勒斯两只胳膊一抬一放，看起来是要将蛇勒住。他平静地朝自己父亲的方向看去，后者拿着出鞘的剑冲进来。赫拉克勒斯坚定的保护者雅典娜女神站在背景中，她向下凝视的目光与被保护人保持着平行。在这幅图像中，艺术家已经完全抓住了拓展叙事时的本质与灵活性。

在阿提卡的瓶画中，极少有题材确定是刻意的幽默。而在这个陶瓶上，瑙西卡画师（Nausicaa Painter）富于神韵的描绘令我们忍俊不禁，古代的观者对此一定也会有类似的反应。

25

带有阿玛宗之战和拉庇泰人与肯陶洛斯之战的
螺旋双耳喷口瓶（用于混合酒和水的碗）

希腊，阿提卡，红绘，约公元前450年
传为沃利·萨堤尔斯画师所绘
赤陶，高63.5厘米
罗杰斯基金，1907年（07.286.84）

不同的时期，希腊瓶画上流行的主题也不一样，而大量的学术研究致力于阐明其流行的根本动因。公元前476—前450年，人们对于描绘希腊人与来自东方（尤其是阿玛宗人）的人们之间的冲突场景，产生了极大的兴趣。这件壮观的陶瓶是一个绝美的范例。虽然并不能完全确定人物身份，但位于马上的阿玛宗人可能是女王，希波吕忒（Hippolyte）或者安提俄珀（Antiope），而在她前面那个希腊勇士，头盔下戴着一顶帽子，这个人是忒修斯。毫无疑问，从某种形式上讲，类似这样的再现图像反映的是希腊人在希波战争（公元前490年—前479年）中取得的关键性胜利。不过，这其中也包括了其他潜台词，但今天我们很难对其进行精确的评估。例如，如果场景反映的是历史现实，那么运用阿玛宗人的图像志则将画面引入了神话的维度。我们无法设想阿玛宗之战——这场希腊人与阿玛宗人之间的传奇战役，纯粹是隐喻层面的。我们应该在什么样的情况下将历史与神话区分开来？多少有些类似的情形可以通过特洛伊战争的描绘看出来。在这两个例子中，虽然敌人是特洛伊人和阿玛宗人或者波斯人，但在希腊陶瓶上，他们大多以高贵的敌手的身份出场，值得作为希腊人的对手（见图55）。

阿玛宗之战的另一个方面涉及对希腊战士与来历不明的异族女性之间的战斗的适当理解。阿玛宗人穿着波斯长裤，戴着波斯帽子，骑在马背上战斗的样子看上去颇具异族风味。不过，从他们的束腰外衣、头盔，还有其他战斗装备来看，许多阿玛宗人好像是以女性形象出现的希腊战士。她们的装束和行为与阿提卡公民的妻子和母亲角色几乎无差，不过她们与当地男性有更多共同之处。最近，一些学者认为公元前5世纪的希腊人可能会把波斯人、阿玛宗人和其他类似的野蛮民族视为孱弱和堕落的下等人。

由于在阿哥拉（Agora，雅典的市政中心）公共建筑的墙面上出现了阿玛宗之战的大型图像，特别是在敬献给英雄忒修斯的提塞翁神庙和彩绘柱廊（Stoa Poikile）上，公元前五世纪希腊人的这些看法所带来的影响被放大了。这些壁画现在已佚失，主要通过古代文献获知，壁画的创作年份是公元前476—前450年，它们的创作者是萨索斯岛的波利格诺托斯（Polygnotos of Thasos）和雅典的米孔（Mikon of Athens）。在公元2世纪的《希腊志》（*Description of Greece*）（Ⅰ.17.2—3）中，保萨尼亚斯（Pausanias）写道：

> 在运动场中有一个忒修斯的神庙。
>
> 这里画着雅典人与阿玛宗人正在作战……
>
> 在忒修斯神庙中也画了拉庇泰人与半人马肯陶洛斯之间的斗争。
>
> 画中，忒修斯已经杀死了一个半人马。
>
> 在其他画面中，战斗仍势均力敌。
>
> 那些未曾听说过所述故事的人
>
> 仍然无法理解第三面墙上的图像，
>
> 一方面是因为它年代久远，另一方面是因为米孔没有描绘整个故事。

[J. J. 波利特，《古希腊艺术：起源与文献》（ *The Art of Ancient Greece: Sources and Documents*，剑桥，1990年），第142页]

虽然希腊在之前就已经在平坦表面上用各种颜色进行绘画，但这些早期的古典作品因为其巨大的尺寸和所处的公共场所，以及一项改变了叙事场景的描绘方法的艺术创新，仍显得意义重大。这些作品没有把复杂叙事中的重要角色排成一排，或者是微微重叠，而是把人物形象放进多个空间深度里，史无前例地尝试在三维空间中暗示人物的位置。我们则后知后觉地意识到，这些变化实际上意味着希腊人向我们已知的西方错觉绘画发展迈出了重要一步。这些遗失的壁画影响了类似这件螺旋双耳喷口瓶这样的陶瓶上对阿玛宗之战的描绘，同时它们也非常明显地呈现出一系列今天看来仍很难理解的信息。

在陶瓶的前面，颈部下面一点的饰带展现了神话中拉庇泰人（Lapiths）与肯陶洛斯之间的遭遇，他们都是塞萨利的居民，彼此也是不共戴天的仇人。肯陶洛斯（半人半马）——受邀参加拉庇泰首领皮瑞苏斯

（Perithoos）的一个庆祝仪式。肯陶洛斯企图抢走拉庇泰的女人们，引发了一场激烈的冲突。在一些原始资料和再现图像中，忒修斯也参与其中。与下方如同芭蕾舞般的阿玛宗之战相比，这次交战显得更为暴力，人员也更加密集。在陶瓶和壁画上，这些并置的主题将女人与文明行为和野蛮行径的观念联系起来。颈部背面展现的是一位年轻男子站在一群女人中间，他们处于安静的室内。右边的小箱子暗示出这是一个求爱场景。

最后，值得注意的是创作者能够用一种清晰无误的建筑式结构，将这些带有引申意义的场景，展现在一个印象深刻的陶瓶之上。阿玛宗之战上方的瓶颈分为两层，一层是叙事性饰带，另一层是规律的叶片装饰图案，然后在它上面，一个舌形饰带环绕瓶口一圈。高把手的尾端装饰着螺旋形图纹，产生了类似圆柱的效果。陶罐的器形、装饰和精美纹样形成了一个明显的结构性整体。

26

有尼奥普托列墨斯出征的颈柄安法拉瓶（罐）

希腊，阿提卡，红绘，约公元前440年
传为吕卡翁画师所绘
赤陶，高61.3厘米
罗杰斯基金，1906年（06.1021.116）

由沃利·萨堤尔（Woolly Satyrs）画师绘制的螺旋双耳喷口瓶（第25件）呈现了公元前5世纪中叶阿提卡瓶画中对希波战争的描绘。这件美丽而生动的颈柄安法拉瓶则呈现了另一种场景。所有人物的名字都被铭刻在上面。尼奥普托列墨斯（Neoptolemos），中间那个雕塑般的男性形象，被刻画成一位战士。他身佩剑鞘，左手拿矛。安提马科斯（Antimachos）在右边，拿着制作精良的头盔和盾牌。尼奥普托列墨斯与坐着的长者握手告别，这位可能是他的父亲安提奥卡斯（Antiochos）。在左边远端，卡里奥佩（Kalliope），可能是战士的妻子，她拿着一个奥伊诺丘瓶（壶）和菲阿勒碗（奠酒碗），为尼奥普托列墨斯的平安归来而倒酒敬献。我们无从得知这些人物是否都是一个家族的成员。不过，他们被铭刻的名字足以唤起人们的记忆。在神话中，尼奥普托列墨斯是特洛伊战争中的希腊英雄阿喀琉斯的儿子。安提奥卡斯是赫拉克勒斯之子，这位英雄以自己的名字给十个阿提卡部落中的一个命名，叫作安提奥基斯（Antiochis）。安提马科斯的名字出现在诸多神话故事中，包括阿玛宗之战——肯陶洛斯与拉庇泰人的战斗（见第25件），以及卡吕冬（Calydon）猎杀野猪。即便尚未确定身份，颈柄安法拉瓶上的人物形象也呈现出庄严肃穆感，令人难忘。他们可能是凡人，但铭文即便没有把他们提升到不朽的程度，也具有神话的境界。

这个主题有更深层的意义。它反映了阿提卡艺术中特定主题的延续性以及图像志的演进。在近半个多世纪的中断以后，大约在公元前440至公元前430年之间，两个人物一坐一站、相互握手的形象经常作为雅典葬礼

图43　一个男人的墓碑。希腊，阿提卡，约公元前375—前350年。大理石，高142.2厘米。弗莱彻基金，1959年（59.11.27）

习俗的一部分出现在大理石纪念墓碑上（图43）。此类
描绘出现在陶瓶上的时间比石碑还要早些。瓶颈上的棕
榈叶饰令人回想起顶部带有棕榈叶饰的葬礼石碑（柱
子），这一手法始于公元前6世纪并很好地延续至公元
前5世纪（图44）。大理石墓碑浮雕和赤陶器皿展示的
是雅典古典时期两种截然不同的物体。墓碑浮雕是由权
贵公民委托制作的公共纪念物，而陶瓶虽然精雕细刻，
大体来说还是为个人服务的实用物品。尽管如此，类似
这样的陶瓶还有葬礼浮雕都清晰地在上面装饰了一些特
定的元素，其含义现已经众所周知了。

图44 安提盖努斯的墓碑。希腊，阿提卡，公元前6世纪末。大
理石，高224.8厘米。罗杰斯基金，1915年（15.167）

图45　安法拉瓶（罐）。希腊，阿提卡，黑绘，约公元前530年。归属于利斯庇得斯画师的样式。赤陶，高48.3厘米。大都会艺术博物馆新增（x.21.26）

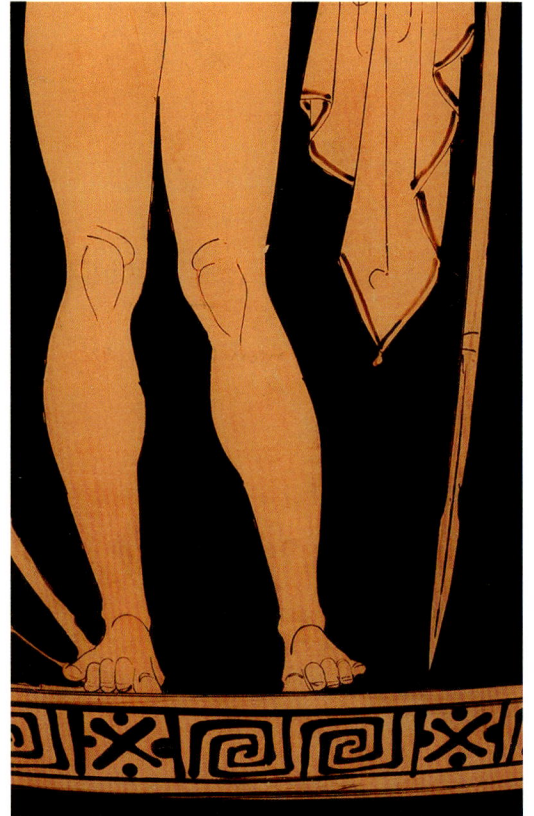

阿提卡艺术中主题和母题之间的影响和联系很复杂，像这样的场景有哪些弦外之音，我们只能进行猜测。例如，公元前6世纪下半叶的黑绘陶瓶上，描绘战士出征的范式是一个战士坐在战车上，正准备出发，周围经常围绕着他的家庭成员，男女老少，有的站着，有的坐着（图45）。自青铜时代（见第3、6件）之后，战车就不再在战争中使用了，因此这些黑绘场景里渗入了英雄元素，戴着头盔拿着长矛的女神雅典娜的出场进一步在安法拉瓶上渲染了这一效果。在吕卡翁画师

（Lykaon Painter）的陶瓶上，英雄元素通过主要角色的名字进行传达，并且通过尼奥普托列墨斯的尺寸和裸体来进一步进行强调。甚至连最微小的细节都被精心表现了出来。注意，战士右脚以及他长矛的小尖正好位于底部的X形纹样方块上方，划定出战士特定的空间。

陶瓶背面讲的是什么？一个蓄须男子站在中间，倚着他的棒子，而旁边是一个女人拿着一个火把，另一个女人手捧着一只菲阿勒碗（奠酒碗）。此处没有铭文。火炬暗示这群人是在入夜之时等待消息。

27

绘有从冥界中上升出来的珀尔塞福涅的钟形双耳喷口瓶
（用于混合酒与水的大碗）

希腊，阿提卡，红绘，约公元前440年

传为珀尔塞福涅画师所绘

赤陶，高41厘米

弗莱彻基金，1928年（28.57.23）

进入公元前5世纪，红绘瓶画在复杂的叙事场景中表现空间感的局限性，变得日益明显。第25件螺旋双耳喷口瓶上的瓶画说明了一些艺术家是怎样应对这一挑战的。相较之下，这件表现珀尔塞福涅从冥界中出来的钟形双耳喷口瓶令人惊叹，艺术家在一个开阔的表面上用他的媒介再现了这一事件，就像它正发生在我们眼前一样。珀尔塞福涅是丰收和谷物女神得墨忒耳（Demeter）的女儿，她被冥界的统治者——冥王哈得斯（Hades）掳走做他的新娘。由于她已经吃了冥府的东西——石榴籽（见第7件）——因此被判每一年必须与她的配偶度过一段时间。她不在的这段时间，大地上的生长和繁殖都停止了。

钟形双耳喷口瓶的正面描绘的是珀尔塞福涅从冥府中升起的场景。在场的每一个人物的名字都被刻在上面。珀尔塞福涅正打算从地下的窄口走到一小块土地上。引导她上升的是神圣使者赫尔墨斯（Hermes）。他直视着我们，紧挨着珀尔塞福涅站着。赫尔墨斯拿着他的双蛇节杖（kerykeion，使者权杖）（图46），尖头朝下，表明他的工作业已完成。不过，这工作又被传递给了赫卡忒（Hekate），她是大地和丰饶女神，同时也掌管着魔法、道路，以及十字路口。画面中，她很显眼地拿着两个燃烧的火把，为珀耳塞福涅照亮走向得墨忒耳的路。得墨忒耳手拿权杖，以至尊的仪态在最右边等候着。根据火把可以确定此时是夜晚，深沉而均匀的釉色渲染出真实可感的黑色。这幅场景显得分外庄严静穆。珀耳塞福涅离开了阴暗的冥界，前往地面上的黑夜。当她与得墨忒耳重逢，万物将会复苏。

虽然这位珀耳塞福涅画师并不是雅典最杰出的艺术家之一，但这件陶瓶仍因其器形、技巧与题材的集大成于一身而堪称杰作。这充满戏剧性的前景引出一个问题——这个图像是否暗示着某些仪式。这个问题没有确切的答案，但却很关键。得墨忒耳和珀耳塞福涅在希腊很多地区都是非常重要的女神，许多节日庆典都是为她们举办的。此处的瓶画表现的是位于阿提卡地区伊洛西斯（Eleusis）的一个秘密仪式，这是一个发展成熟且意义重大的神话。我们的博物馆有幸收藏了一件"伟大的伊洛西斯"浮雕，它是一件罗马复制品（图47），原作可以追溯到公元前450—前426年，现收藏于雅典的国家考古博物馆（National Archaeological Museum）。它描绘了两位正在主持的神明和一个年轻男孩，有可能是特里普托勒摩斯（Triptolemos）。他作为得墨忒耳的密使坐在一辆带翼的战

图46 双蛇节杖（预知权杖）的尖顶饰。希腊，公元前6世纪晚期—前5世纪早期。青铜，高18.7厘米。诺伯特·舒密尔信托赠礼，1989年（1989.281.57）

车里四处游历，给希腊人介绍谷物的耕作。虽然加入伊洛西斯密仪是需要保密的，但我们还是知道一些相关内容，谁是掌管这个神庙和仪式的人，以及仪式本身有哪些具体事项。从各方面看这个秘密仪式对雅典人来说都是一件意义非凡的重要事件，这是一项大型公共游行活动，这场游行从雅典出发到伊洛西斯，全程大约14英里。这项密仪有时是在夜晚进行，包含表演珀耳塞福涅被放逐到冥界的情节。

我们的钟形双耳喷口瓶也应用于宴饮中（见第13、23件），其语境与伊洛西斯圣殿大相径庭。虽然已经有众多专家致力于研究此问题，但我们仍无从得知图像志的出处。它可能来自伊洛西斯仪式的仪轨。也有可能是受到文学来源的影响，比如荷马史诗中的得墨忒耳赞美诗。这首诗大概创作于公元前6世纪，通过丰富的细节讲述了这一神话，同时诗中也提及了建立这个秘仪的女神。不过，这件陶瓶上的图像志在一些重要的方面与诗中所述不同，比较明显的是珀耳塞福涅是用脚回到大地的，而不像诗中描述的那样坐在战车里。人们对这个神话有各种各样的阐释，说明了在公元前5世纪这个神话传说非常流行。不论珀耳塞福涅画师是直接根据我们现在已经不再了解的文学作品进行描绘，还是以个人的理解呈现一个重要题材，他都已经再现了一个令人叹为观止的情景。

28

绘有一个坐着的青年和一位妇女的莱基托斯瓶（油瓶）

希腊，阿提卡，白底，约公元前440年

传为阿喀琉斯画师所绘

赤陶，高39.4厘米

罗杰斯基金，1907年（07.286.42）

到了公元前 5 世纪，为了追求更好的画面表现力，人们已经不仅限于用红绘技法进行创作了。自公元前476 年—公元前 450 年以来，使用白色化妆土装饰表面的做法变得越来越普遍。这种做法在之前就出现过（见第 19、20 件），但是在古典时期，白底技术常用于莱基托斯瓶上。这种油瓶用于死者的葬礼中，因此也与丧葬图像相联系。本件陶瓶很好地说明了莱基托斯瓶的使用方式，上面展现了一位青年和一位妇女，他们在一座坟墓边，台阶上有花环和陶瓶，包括两种类型的莱基托斯瓶（图48），注意那些倒下的瓶子。

将白色化妆土作为装饰的表面这一技法的普及，急速扩大了艺术家运用颜色的范围。最开始，颜料仍是在

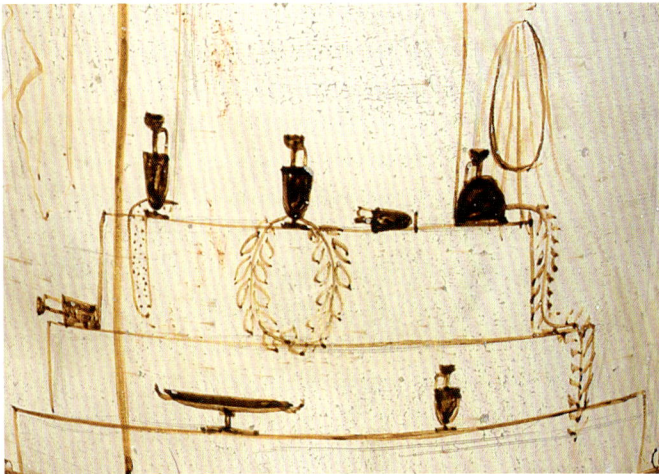

图48 绘有坟墓中的哀悼者的莱基托斯瓶（油瓶）。希腊，阿提卡，白地，约公元前440—前430年。传为博桑基特画师所绘。赤陶，高38.7厘米。罗杰斯基金，1923年（23.160.38）。局部，供奉物

烧制之前涂好，因此需要承受窑炉里的高温。大约到了公元前430年，装饰可以在烧制之后施行，这就出现新的色彩：粉色、紫色、绿色和蓝色。绘画风格也变得越来越自由。白色表面极为脆弱，未烧制的新颜色又转瞬即逝，导致许多现存陶瓶已经受损。不过，留存下来的瓶画仍然非常壮观夺目。

这位阿喀琉斯画师是古典白底装饰的大师。在他的少量作品中，人物形象与类似的雕像一样显得既静穆又高贵——看到这些，我们只会想起帕特农神庙上的雕塑。描绘在这件莱基托斯瓶上的女人是画师此类作品中的经典形象。画师用坚实的线条勾画出头部和四肢的轮廓，稀释的釉色描绘出她的黑色卷发以及长袍上的精致衣褶，衣服的颜色现在已经看不到了。悬浮于背景处的镜子和发网（sakkos，囊状发带）确定出这是房中女性的住所。陶瓶上最引人注目的特征是那位坐着的年轻人。使用浅褐色颜料描绘他的皮肤，显得非常特别，同样特别的还有描绘脸部和头发的多色画法。围着他下背和腿部的衣服，最初应该是深红色，与他坐着的暗色调垫子一样。他伸出右手，拿出一个水果，现在这个水果只能隐约看见一小部分。规范的黑绘和红绘陶瓶有力地证明了画师精湛的绘画技艺，而那个残存的青年坐像则保存下了今天我们所认为的最高的绘画水平。他那一缕缕分明的头发暗示着动感和即将到来的变化。这幅画作的和谐构图堪称经典，生动细腻的细节处理令人惊叹，此二者的完美结合造就了画作的不凡。

29

绘有妇女场景的斯凯佛司杯（大饮杯）

希腊，阿提卡，红绘，约公元前350年
赤陶，高17.5厘米
罗杰斯基金，1906年（06.1021.181）

从公元前5世纪中期开始，古典时期的图像志就出现了这样一种现象，即作品中出现了越来越多的生活中妇女的形象——她们参加典礼仪式，不管这些仪式是在私人空间（见26件）还是在公共场合；她们为结婚做准备（图17）；她们在死者的仪式上所承担的各种角色（见第28件）。这一发展不只简单地反映人们对题材方面的兴趣，而且也与描绘画面所用的陶瓶器形相联系。从公元前6世纪起，哈德利亚喷泉瓶（见第18件）在器形和主题的搭配上提供了绝佳范例，就像公元前5世纪以来的白底莱基托斯瓶一样（见第28件）。

　　这件斯凯佛司杯是继基里克斯杯之后雅典最重要的酒杯器形，而且提供了两个相当规则的竖直平面供装饰用，而不是酒杯那样的三个环状平面。本图中表现了我们此前未曾遇到过的辉煌场景，值得注意的是，当时雅典已经失去了先前的声望和巨大的影响力。在主画面的中央，一位妇女威严地坐在凳子上，凳腿转折部分精妙复杂，其上还附有镀金榫钉。她穿着一件希玛申（长袍），长袍从她左肩披挂下来，包裹着她的下半部分躯干和腿部。她卷曲而又蓬乱的头发用一条宽发带紧紧绑

了起来。这位女性全身上下最引人注目的部分是她佩戴的金首饰：腰间的带子、沉重的手镯、项链，还有耳环。在女子的裸体前方，有一个很大的仪式用篮，她将其放在自己膝上，这个篮子也是镀金的。篮子的刻画略显笨拙，它由一个平坦的篮底组成，几乎是竖直的圆形篮面连接在底座上。篮子用一些小的圆形浮雕凸点进行了美化，并用几根交叉杆进行了加固。这件精美器物是一个带有三把手的古典风格的篮子，青铜时代结束之后，这个篮子就出现在诸如牲畜祭祀或者坟墓祭祀仪式

的场景中。在公元前 5 世纪至公元前 4 世纪期间，这种高档物品经常出现在与婚礼相关的场景中。虽然这个敞口的陶瓶看上去似乎并不实用，但却让这件特别的随身物品变得真实可见。

这幅场景的环境是由女人坐像两侧的人物建立起来的。在她前面站着一个女子，身穿一件基同（贴身内衣）和希玛申，戴着镀金手镯、项链和耳环，用一个卡

环把头发扎成了马尾辫。在她身后，一个戴着镀金发带的萨堤尔，左手正隐约隐藏在她身体后面，摸她的臀部，他举起的右手，同样做着带有淫猥意味的手势。在女子坐像后面，小爱神厄洛斯以极为轻松的姿势站在一个平台上，平台的具体位置并不明确。他的发带也是镀金的。他面朝一位女子，女子穿着腰间系带的女式长袍（peplos，古希腊服装），她也戴着镀金耳环和项链。坐

图49　奥伊诺丘瓶：胡斯形（水壶）。希腊，阿提卡，红绘，公元前4世纪中期。赤陶，高23.5厘米。罗杰斯基金，1925年（25.190）

着的女子经过精心打扮，两侧各有一位随从，并且还有厄洛斯陪同，这样的场景使人想起古典时期的婚礼图像志。因为这幅画作被认为是发生在房中女子住所的一处场景，那么萨堤尔的形象就象征着狄奥尼索斯的闯入。在雅典人的重要节日安塞斯特里昂节（Anthesteria）期间（这个节日主要是在2月末用来庆祝当年的新酒），神界和凡间的人们会聚在一起庆祝。在第二天晚上，狄奥尼索斯与这座城市行政官（archon basileus）的妻子将会秘密地举行婚礼仪式。在前往市政中心阿哥拉附近的婚礼举行地之前往往会有一场队列游行。那个精心制作的篮子恰好能在这样的活动中发挥作用。事实上，大都会艺术博物馆收藏的一件同时代陶瓶（图49），表现的就是蓬佩（Pompe）的行进队伍，画面当中描绘了厄洛斯、狄奥尼索斯和类似的篮子。

这件斯凯佛司杯背面的图像对正面瓶画进行了改编。一个厄洛斯捧着一个大首饰盒和一条饰带，向坐在箱子上的一位女子飞去。她盛装打扮，面朝一位女子，这名女子身穿图纹长袍，头戴囊状发带，立在女子坐像面前。最右边的萨堤尔倚在岩石上，将室外的元素引入原以为是室内的场景中。这件斯凯佛司杯两面的图像以及数量可观的镀金装饰，暗示出这件陶瓶在一些重大事件中——比如一位女子参加的安塞斯特里昂节和／或自己的婚礼上——发挥了重要作用。

30

镀金的卡尔皮斯瓶（水罐）

希腊，阿提卡，黑釉，公元前4世纪
赤陶，高39.4厘米
来自多方捐赠的基金，1923年（23.74）

图50 哈德利亚瓶（水罐）。希腊，公元前4世纪早期。青铜，高51.2厘米。购买，约瑟夫·普利策遗赠，1956年（56.11.3）

图51 奥古斯特·罗丹，《希腊陶瓶的诞生》。法国，约1900—1913年。白纸上铅笔草稿水粉设色，高49.2厘米，宽32.1厘米。托马斯·F. 瑞恩赠礼，1913年（13.164.2）

希腊陶瓶上的装饰向来比器形更引人注目，但有一种精美器皿的卓越器形要远排在装饰前面。这种被称作"黑釉"的陶器因其显而易见的外形得名，得益于地方工坊的建立及贸易，自公元前6世纪在希腊世界中日渐流行。在公元前5世纪期间，各种装饰种类开始出现，比如在陶瓶表面的空白部分用釉色印上印记或者是浮雕元素——也因此被当作黑绘——并且非常集中地应用了镀金技术。

这件卡尔皮斯瓶提供了一个非常精美的范本。它轮廓线条紧凑，是从第18件的黑绘哈德利亚瓶和公元前5世纪中叶的第24件卡尔皮斯瓶演变过来的。器足较小，竖直把手紧贴着瓶身，镀金的口沿色彩浓厚。由叶子和葡萄组成的镀金葡萄藤经过细致地描绘以后，如同项圈一般环绕在瓶颈上。窄窄的镀金带环绕着两侧的把手，而竖直把手下面是从棕榈叶垂饰延伸下来的一个细长叶饰。黑色表面泛出浅浅的光泽，在细金线的烘托下，整个陶瓶具有金属般的质感，显得格外优雅。

将这件卡尔皮斯瓶与一件差不多为同一时代的青铜哈德利亚瓶（图50）进行比较是很有趣的一件事情。从明显逐渐变细的瓶身到短小的瓶脚，两者之间有相似之处。垂直把手下方的装饰区域也有一个棕榈叶饰，不过

它显得更加厚重一些，因为它是铸造而成的，需要宽阔的表面确保把手按在陶瓶壁面上。

在公元前5世纪晚期至公元前3世纪之间，用项链纹饰进行装饰的巧妙做法广为流传，并且出现在一系列用黑釉进行装饰的器形中，比如泛雅典娜节的安法拉瓶（见第22件）、哈德利亚瓶（见第24件）、双耳喷口瓶（见第27、31件）、奥伊诺丘瓶（图52），以及许多其他陶瓶上。应用于陶瓶上的珠宝首饰经常可以与实例相对照（图52）。不难发现，此处的陶瓶稍微类似人体的形象，就像19世纪的法国艺术家奥古斯特·罗丹（Auguste Rodin）在他引人联想的水粉中所表现的那样，他称这张画为《希腊陶瓶的诞生》（The Birth of the Greek Vase，图51）。

图52 带有赫拉克勒斯结的臂箍。希腊，公元前3世纪—前2世纪。金，石榴石，绿宝石，以及珐琅，直径8.9厘米。购买，克里斯托斯·G. 巴斯蒂斯先生及夫人赠礼，1999年（1999.209）

31

绘有赫拉克勒斯崇拜和被萨堤尔惊吓到的阿密摩涅的
花萼双耳喷口瓶（混合酒与水的大碗）

希腊，阿提卡，红绘，公元前4世纪

赤陶，高49.7厘米

购藏，约瑟夫·普利策遗赠，1952年（52.11.18）

从公元前 5 世纪中叶到公元前 4 世纪，陶瓶的器形与装饰之间的关系变得越来越复杂。第 29 件斯凯佛司杯大体上按传统方式来安排人物，即沿着与陶瓶表面所暗示的"背景"平行的平面安置人物。这是希腊陶瓶能够在各个特点中始终保持统一性的一个因素。与此同时，艺术家对于在空间中描绘运动的渴望（这一点在公元前 5 世纪中期已经有所表现，见第 25 件）也在继续发展。眼前呈现的这件花萼双耳喷口瓶极具代表性，它与意大利南部瓶画联系密切，那里的艺术经历过一场持续了近一个半世纪的剧烈革新（见第 32—35 件）。

陶瓶正面有大量角色参与了赫拉克勒斯生平的最后事件。赫拉克勒斯的妻子得伊阿尼拉（Deianeira）在斗篷上涂了半人马涅索斯（Nessos）的血。赫拉克勒斯披上以后，那件衣服烧焦了他的肉身，为了终止了自己的痛苦，他走上了希腊中部俄塔山（Mount Oite）的柴堆。下面一排人物表现了女神雅典娜指挥着两位女性，她们正在扑灭火堆。妇女们用手中的哈德利亚瓶（水罐）把水浇在一堆木头和一件光溜溜的铠甲上——那是赫拉克勒斯的残骸。在中间区域的正上方，一位年轻英俊的英雄（通过他手中的棍棒可以确认他的身份），正坐在一辆战车上，这辆战车由胜利女神的化身尼基（Nike）驾驭，驶向奥林波斯山。前面引领的是赫尔墨斯神（见第 27 件），他挥舞着他

的双蛇节杖（使者的权杖）。另外两个青年中，一个可能是伊俄拉俄斯（Iolaos），他是赫拉克勒斯的侄子和忠诚的同伴，另一个青年是他的大儿子许罗斯（Hyllos）。右上角那个抓住一把弓和箭袋的人物可能是波阿斯（Poias），或者是波阿斯的儿子，菲罗克忒忒斯（Philoktetes）。赫拉克勒斯用武器作为报答，说服他点燃了柴堆。左侧出现的是奥林波斯山诸神中的狄奥尼索斯（手拿权杖）、阿波罗以及战神阿瑞斯（Ares，手持两根长矛）。这幅场景并不是非常切合这个表面，人物密集地挤在一起，甚至都挤到了把手上。

在背面，阿密摩涅（Amymone）拿着一个哈德利亚瓶还有一根酒神杖（顶部缠有常春藤的茴香杆），正被一群萨堤尔围着，他们看起来像在跳芭蕾舞。阿密摩涅是达那俄斯国王（King Danaos）的五十个女儿之一，她被海神波塞冬所救，并成了他的爱人。这个故事是埃斯库罗斯（Aischylos）的"山羊剧"（satyr-play）的主题，不过只留下极少的片段，在公元前5世纪的头25年开始出现在瓶画上。问题在于，这些图像是否与戏剧有联系，并且在多大程度上与其相关。稍微需要注意的是，此处的离心式构图与陶杯另一面不规则的水平构图形成对比。然而，陶瓶两面每个人的行为和代表性姿势表现出他们鲜明的人物个性。尽管救援与水都出现在正反两个瓶画主题中，但这两幅绘画之间是否存在着图像志的联系仍旧不得而知。

32

绘有阿玛宗之战的螺旋双耳喷口瓶（纪念碑式陶瓶）

希腊，意大利南部，阿普利亚，红绘，约公元前320—前310年

传为卡波迪蒙特画师所绘

赤陶，高91.6厘米

弗莱彻基金，1956年（56.171.63）

虽然在器形和尺寸上有诸多不同，但是这件陶瓶依然与第31件花萼形双耳喷口瓶有许多相同之处：主要的场景也是由两个叠加的区域组成，可以看出人物也都穿着希腊式服装，同时在瓶颈上，胜利女神的化身尼基驾驭着一辆二轮战车（四马战车），以及其他一些相同的特点。然而，如果我们仔细观察这个图像，特别是其上的一些细节，就会发现几大重要的革新之处。

首要的而且可能也是最明显的是每个要素的数量都有所增加：人物中间的各种填充母题，肩部和瓶颈上填满的密集装饰图纹，涡形把手的螺旋面上刻着的伊俄（Io）浮雕面具，把手下半部分描绘的潘神（Pan）图像等。伊俄是宙斯的情人之一，他把伊俄变成了一只小母牛，而潘神则长着羊角、羊耳朵和羊腿，他是一个牧神。图中还有各种各样的细节，例如牛头骨形状的图案两侧描绘的垂花饰（swag），大型悬挂式镜子以及肾形盾牌。背面的装饰瓶画展示了它与我们迄今所见的希腊

本土陶瓶的巨大变化。一位青年坐在一堵矮墙上的建筑壁龛中。在屋顶的三角楣饰下方绘有平顶梁，表现出向后退缩的透视错觉。人物都难以置信地堆叠着挤进壁龛两侧。瓶颈上表现的是已经完全程式化的叶饰母题。仔细观察整个陶瓶，就会发现陶瓶器形的各个部分，以及器形与装饰之间都已经不再具有和谐统一的效果。

这件涡形双耳喷口瓶的诸多要点例证了传到意大利南部的红绘瓶画已经与希腊本土的陶瓶有所偏差。自公元前450—前426年伊始（见引言第25页），红绘日渐繁盛，发展成多种地方特色——尤其是卢卡尼亚（Lucania）风格、阿普利亚（Apulia）风格、坎帕尼亚风格、帕埃斯图姆（Paestan）风格、西西里风格——以满足当地人的需要及偏好。这类陶器主要用于丧葬场

合，就像背面描绘的情景那样。现代学者们面临的最大挑战是，如何正确地解释希腊陶瓶中所有看上去很熟悉的元素——器形、技术、装饰、主题——它们现在已被赋予截然不同的意义。瓶身上的场景描绘的是阿玛宗之战（见第25件），下面集合了雅典娜、阿波罗、阿耳忒弥斯，还有站在最右边的赫拉克勒斯。在瓶颈上，赫卡忒拿着两个火把（见第27件），引领着尼基驾驭的战车。许多希腊本土陶瓶的瓶画都难以读解，我们这时候常常会考据诸如荷马史诗等现存的文学作品，或者是参考长期流传的瓶画艺术传统。对于意大利南部的陶器来说，外部证据格外稀缺，所提出的解释更多的也都只是猜测和设想。

33

绘有一位战士和女子坐像的斯凯佛司杯（大饮杯）

希腊，意大利南部，坎帕尼亚，红绘，公元前350—前326年

传为CA画师所绘

赤陶，高24.8厘米

爱德华·C.摩尔收藏，爱德华·C.摩尔遗赠，1891年（91.1.444）

"日常生活"场景在古代绘画中有多逼真是一个开放性问题，它永远没有答案。此外，摄影技术使得我们已经习惯了以前所未有的逼真程度再现一个主题。然而，从广义角度来说，公元前5世纪中期的雅典战士形象（见第26件），或者是一个世纪之后坎帕尼亚的类似作品，都在一定程度上还原了那个时代的现实。

第32件螺旋双耳喷口瓶在瓶身正面描绘了一个神话主题，背面则描绘了一个英雄化、理想化的葬礼场景。本件结构坚固的斯凯佛司杯表现了一位妇女坐在希腊式凳子（diphros，折叠椅）上。她扎着头发，一件红色长袍裹着她的下半身。她的皮肤被绘成米白色，局部已经剥落。她递给面前的战士一个浅碗。战士穿着全套意大利南部的华丽服饰，一件束腰外衣刚刚盖住他的躯干，肚子上系着一条宽腰带（图53）。他胸前的铠甲极具意大利特色，由三个圆形块状物组合而成，连接着一条绕肩而过的金属带（图54）。战士腿部由护胫套保护。他的头盔顶部有两束直立的羽毛以及一个顶冠，拖着一条长长的飘带。战士左臂拿着盾牌，右手递出一根树枝。各处细节以白色和金黄色点缀着，这两种颜色也出现在那个女性的碗和战士的盔甲上，由此我们可以推断出这些所绘之物均为金属质地。

战士通身是本土的装备，这类形象在坎帕尼亚地区

图53　带钩扣的皮带。意大利，撒姆尼，公元前5世纪晚期—前4世纪早期。青铜，周长83.8厘米。罗杰斯基金，1908年（08.3a）

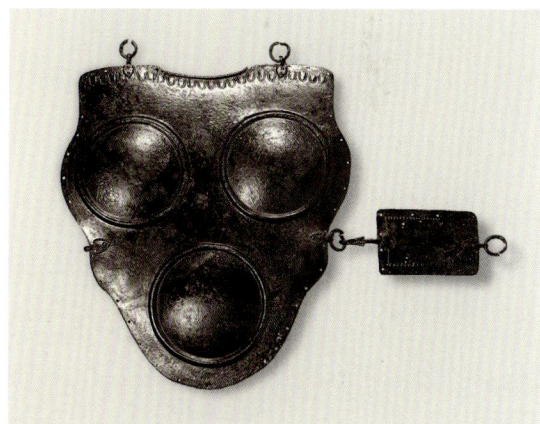

图54　胸饰，意大利南部，可能是阿普利亚，公元前4世纪后半期。青铜，高32.1厘米。卡尔斯鲁厄的巴登州立博物馆，编号F453。照片由卡尔斯鲁厄的巴登州立博物馆提供。

生产的陶瓶中频繁出现，从中可以推断这些陶瓶是专为哪些顾客制作的。虽然在意大利的部分地区（在古代就已被称作"大希腊"），希腊元素仍旧经久不息、影响深远，但毫无疑问这类彩绘陶器仍迎合了本土富人和社会名流的喜好。

斯凯佛司杯背面是根据正面场景而改编的粗略图像。这位女子头戴珠宝，体型健硕，浓眉大眼。她坐在一张椅子上，给面前的青年递了一个浅碗。这位青年身穿希腊长袍，头上绑着一个束发带，他贴身拿着一束植物。菲阿勒碗（奠酒碗）和树枝说明这是一个仪式场景。最后，两边把手下方表现的植物纹饰更像是陶瓶固有的一部分结构，而不是专为修饰器形所绘的艺术母题。

34

绘有萨耳珀冬命运的钟形双耳喷口瓶（深碗）

希腊，意大利南部，阿普利亚，红绘，约公元前400—前380年

传为萨耳珀冬画师所绘

赤陶，高49.8厘米

罗杰斯基金，1916年（16.140）

意大利南部瓶画最独特的一点是偏好采用源自戏剧中的场景。这类艺术风格在雅典得到了最显著的发展。埃斯库罗斯、索福克勒斯（Sophokles）和欧里庇得斯（Euripides）——公元前5世纪最杰出的三位悲剧作家，他们的作品给大量公元前4世纪期间的图像带来了灵感，尤其是在阿普利亚。意大利南部的花瓶提供了宝贵的证据，因为它们可能受到了真实演出的影响，这其中不仅包括一些主要角色，有时还有舞台表演的细节。

虽然保存得并不完好，但这件由萨耳珀冬画师（Sarpedon Painter）所绘的钟形双耳喷口瓶是一个很好的范例。陶瓶的尺寸很大且表面相当平整，所以陶瓶两面可以展示出很多内容。瓶画的灵感似乎来自埃斯库罗斯的一出戏剧——《卡里亚人》（The Carians）或《欧罗巴》（Europa），其中只有少量片段留存下来。首演日期不得而知，不过，埃斯库罗斯类似的另一出戏剧《波斯人》（The Persians）的首演日期是在公元前472年后不久。欧罗巴是腓尼基公主，宙斯以公牛的样貌将她诱拐到了克里特。他们结合生下的孩子就是米诺斯、拉达曼提斯（Rhadamanthys）还有吕西亚的统治者萨耳珀冬。萨耳帕冬在特洛伊战争中为特洛伊出战，被阿喀琉斯的朋友帕特洛克罗斯（Patroklos）所杀。在左侧，欧罗巴穿着一件精致的长袍，梳着高发饰，站在宙斯面前，为他们的孩子萨耳珀冬的性命求情。宙斯（通过权杖可以确认）挨着他的妻子赫拉坐在长椅上。在荷马的《伊利亚特》中，宙斯与赫拉为萨耳珀冬的命运辩论，最后依赫拉的意愿而告终。

牛眼睛的女神赫拉对他这样回答说：
"可怕的克罗诺斯之子，你说什么话？

一个早就公正注定要死的凡人，
你却想要让他免除悲惨的死亡？
你这么干吧，宙斯……
其他神明不会同意。
我还有一点要说明，请你好好思量。倘若你把
萨耳珀冬活着救出送回家，
其他的神明那时难道不会也从
激烈的战斗中救出自己亲爱的儿子……
等到灵魂和生命终于离他而去，
你再派死亡和永久的睡眠把他的遗体
送往他在辽阔的吕西亚的可爱的故土。
在那里让他的亲友们为他建墓立碑，
因为那些是一个死者应享受的荣尊。"

［荷马，《伊利亚特》，原文第16书，第522—43行，英文版罗伯特·菲格尔斯译（纽约：维京企鹅图书公司，1990年）］①

在我们这件钟形双耳喷口瓶上，赫拉转过脸不看宙斯，而是面向一位身形轻盈的带翼青年，他有可能是睡神的化身许普诺斯（Hypnos），他的妻子帕西忒亚（Pasithea）站在他身后。她所表现出的痛苦可能来源于许普诺斯和赫拉之间明显的预谋。整个构图简单朴素又极具艺术性，画面展现了一组对爱不忠的人物，同时也预示了他们的后果。宙斯和欧罗巴后面的高框架体现出舞台的元素，而他们上方的盔甲则暗示着他们之间对话

① 中文译本参考的是罗念生，王焕生译，《荷马史诗·伊利亚特》，人民文学出版社，1994年，378—379页。译名与原译文有所不同。——译者注

图55 花萼双耳喷口杯（混合酒与水的碗）。希腊，阿提卡，红绘，约公元前515年。陶工欧克西希奥斯和画师欧弗洛尼奥斯签名。赤陶，高45.7厘米。罗马，朱利亚别墅国立博物馆。承蒙伊特鲁里亚南部考古主管部门的许可。

的原因。

在陶瓶的背面，欧罗巴坐在一座建筑中的巨大王座上，也许是刻意的，也许不是，这个王座看上去很像一个葬礼壁龛（naiskos，小型三角楣饰结构，见第32件陶瓶背面）。它也有可能是一个舞台支架。她戴着一顶所谓的弗里吉亚帽（Phrygian cap），穿着一件花纹精致的长袖袍子，除了下半身是一条裙子而不是裤子之外，其余部分都令人联想起阿玛宗人（见第25件）。睡神与死神离奇出现，手里抱着欧罗巴的儿子萨耳珀冬的裸尸，她和周围的随从正在对这一情形做出回应。萨尔珀冬虽然遇害，但他是特洛伊的牺牲者中唯一一个遗体被运回故土埋葬的人。画面当中的人物形象和他们的穿着，还有悬浮在半空的特异景象都极具异国情调。事实上，他们可能反映了一种可以产生特殊效果的舞台装置，一种"解围的神"[①]。

陶瓶背面的场景极具启发性，因为它能与公元前6世纪晚期（稍早于埃斯库罗斯戏剧出现的时间）绘有萨帕耳冬和睡神、死神的阿提卡瓶画相提并论（图55）。阿提卡图像展现了这位战士和／或这两位神灵化身还在地面上的情景。这里呈现给我们的是萨耳珀冬正要被抬起来的画面。这个事件仿佛就发生在我们眼前。而在这件钟形双耳喷口瓶上，如图所示，运送萨帕耳冬的躯体是整个画面的一个部分。我们在一幅画里看另一幅画。装饰图画与陶瓶之间、观看者与陶瓶之间的关系已经得到了很大的发展。

---

① "A dues ex machina"，古希腊戏剧中突然引入剧中以解释或推动剧情发展的神。——译者

35

带盖子和尖顶饰的勒卡尼斯盘

希腊，西西里，琴图里佩，公元前3世纪下半叶

赤陶，高62.2厘米

弗莱彻基金，1930年（30.11.4a—c）

　　有许多藏品都能为本次大都会艺术博物馆希腊陶瓶之旅收尾。但是本件华美非凡的作品能同时引领人们回溯过去、展望未来。这件作品出自西西里东北部的一个地方中心——琴图里佩（Centuripe），该地区活跃于公元前 3 世纪。勒卡尼斯盘是一种带两个把手并且常配有一个盖子的浅盘。这类陶瓶款式老旧，公元前 7 世纪末开始纳入到常规的阿提卡陶瓶器形中。从公元前 5 世纪末开始，勒卡尼斯盘在阿提卡红绘中发展壮大，并被西方采用，尤其是在西西里和利帕里群岛（Lipari Islands）。主要是在盘盖平面上进行人物装饰，这里展现了在祭坛上的四位女性。白底褪色严重，陶瓶表面当时是用坦培拉颜料上色的，这种颜料不好保存。在后期，所有的颜料都是烧制之后再涂上去的。通身的粉彩色调代表陶瓶发展进一步超越了公元前 5 世纪后期阿提卡葬礼莱基托斯瓶的多色画法（见第 28 件）。这件勒卡尼斯盘的把手区以立体的卷状藤须分散装饰，中间一个

带有翅膀的头像可能是赫尔墨斯（见第27件），也有可能是许普诺斯（见第34件），两者都跟死亡有关，头像两侧饰有玫瑰形圆花饰、飞鸟、厄洛斯。上方嵌着一排狮头，陶瓶底部和尖顶各以莨苕叶围绕装饰。这些雕塑部分还留有大片镀金修饰。

勒卡尼斯是一种艺术品收藏家的艺术表演，但现在仅仅指一类陶瓶的名称。盖子与盘子无法分开，所以这件器物不再具有作为容器的功能。陶工将把手保留下来了，但仅仅是作为这种器形的传统配件而已。由于把手比较脆弱易损，再加上描绘和涂敷上去的装饰表面精致复杂，使得这件陶器不再具有实用性。这件作品是陪葬品，只能观看，而无实际之用。不管是在日常生活还是在仪式祭典中，陶瓶一旦从人们的日常生活节奏中分离开来就意味着希腊瓶画走向了终结。这门艺术最为关键的一面就在于陶瓶使用者与瓶画器形之间的联系。希腊陶器最伟大的成就或许在于它的尺寸与设计一方面符合人类的身体构造，另一方面适用于特定功能。陶瓶是个人与丰富多彩的活动之间的媒介。这件勒卡尼斯盘不仅见证了这种关系的结束，同时也是作为新角色——"美术品"（objet d'art）的一个绝佳范例。

推荐书目

NOTE: The sources are arranged chronologically by subject in the general list and in order of importance/interest in the sections that follow.

For a useful survey of recent scholarship on Greek vase-painting, see John H. Oakley, "State of the Discipline: Greek Vase Painting," *American Journal of Archaeology* 113, no. 4 (October 2009), pp. 599–627.

GENERAL INTRODUCTIONS

Betancourt, Philip P. *Introduction to Aegean Art*. Philadelphia: INSTAP Academic Press, 2007.

Karageorghis, Vassos. *Early Cyprus: Crossroads of the Mediterranean*. Los Angeles: J. Paul Getty Museum, 2002.

Cook, Robert Manuel. *Greek Painted Pottery*. 3rd ed. London: Routledge, 1997.

Boardman, John. *The History of Greek Vases: Potters, Painters and Pictures*. New York: Thames & Hudson, 2001.

Sparkes, Brian A. *The Red and the Black: Studies in Greek Pottery*. London: Routledge, 1996.

Boardman, John. *Early Greek Vase Painting, 11th–6th Centuries bc: A Handbook*. New York: Thames & Hudson, 1998.

Beazley, John Davidson. *The Development of Attic Black-figure*. Rev. ed. Berkeley: University of California Press, 1986.

Robertson, Martin. *The Art of Vase-painting in Classical Athens*. Cambridge: Cambridge University Press, 1992.

Trendall, Arthur Dale. *Red Figure Vases of South Italy and Sicily: A Handbook*. New York: Thames & Hudson, 1989.

TECHNIQUE

Schreiber, Toby. *Athenian Vase Construction: A Potter's Analysis*. Malibu: J. Paul Getty Museum, 1999.

Cohen, Beth, et al. *The Colors of Clay: Special Techniques in Athenian Vases*. Exh. cat., Getty Villa, Malibu. Los Angeles: J. Paul Getty Museum, 2006.

Lapatin, Kenneth, ed. *Papers on Special Techniques in Athenian Vases*. Proceedings of a symposium held at the Getty Villa, Malibu, June 15–17, 2006. Los Angeles: J. Paul Getty Museum, 2008.

MYTHOLOGY

Gantz, Timothy. *Early Greek Myth: A Guide to Literary and Artistic Sources*. Baltimore: Johns Hopkins University Press, 1993. [Reprint ed., 2 vols., 1996.]

Hard, Robin. *The Routledge Handbook of Greek Mythology, Based on H. J. Rose's "Handbook of Greek Mythology."* London: Routledge, 2004.

Woodford, Susan. *Images of Myths in Classical Antiquity*. Cambridge: Cambridge University Press, 2003.

GREEK VASES IN A CULTURAL CONTEXT

NOTE: The literature is vast and quite Athenocentric; the few works cited are useful points of departure.

Langdon, Susan. *Art and Identity in Dark Age Greece, 1100–700 b.c.e.* Cambridge: Cambridge University Press, 2008.

Boardman, John. *The Greeks Overseas: Their Early Colonies and Trade*. 4th ed. New York: Thames & Hudson, 1999.

Shapiro, Harvey Alan. *Art and Cult under the Tyrants in Athens*. Mainz: Philipp von Zabern, 1989.

Kaltsas, Nikos E., and Harvey Alan Shapiro, eds. *Worshiping Women: Ritual and Reality in Classical Athens*. Exh. cat., Onassis Cultural Center, New York. New York: Alexander S. Onassis Public Benefit Foundation, 2008.

Oakley, John H. *Picturing Death in Classical Athens: The Evidence of the White Lekythoi*. Cambridge: Cambridge University Press, 2004.

Cohen, Beth, ed. *Not the Classical Ideal: Athens and the Construction of the Other in Greek Art*. Leiden: Brill, 2000.

Hart, Mary Louise, et al. *The Art of Ancient Greek Theater*. Exh. cat., Getty Villa, Malibu. Los Angeles: J. Paul Getty Museum, 2010.

Pugliese Carratelli, Giovanni, ed. *The Western Greeks*. Exh. cat., Palazzo Grassi, Venice. Milan: Bompiani, 1996.

HISTORY OF THE REDISCOVERY OF VASES

Rouet, Philippe. *Approaches to the Study of Attic Vases: Beazley and Pottier*. Oxford: Oxford University Press, 2001.

Schnapp, Alain. *The Discovery of the Past: The Origins of Archaeology*. London: British Museum Press, 1993.

Sloan, Kim, ed., with Andrew Burnett. *Enlightenment: Discovering the World in the Eighteenth Century*. London: British Museum Press, 2003.

索引